Rompiendomoldes

de management
y negocios

Coordinación editorial:
DÉBORA FEELY

Diseño de tapa:
MVZ ARGENTINA

Ilustración de tapa:
JULIETA SBDAR KAPLAN

MANUEL SBDAR

Rompiendomoldes
de management
y negocios

G R A N I C A

BUENOS AIRES - MÉXICO - SANTIAGO - MONTEVIDEO

© 2007 *by* Ediciones Granica S.A.

BUENOS AIRES	Ediciones Granica S.A. Lavalle 1634 - 3º G C1048AAN Buenos Aires, Argentina Tel.: +5411-4374-1456 Fax: +5411-4373-0669 E-mail: granica.ar@granicaeditor.com
MÉXICO	Ediciones Granica México S.A. de C.V. Cerrada 1º de Mayo 21 Col. Naucalpan Centro 53000 Naucalpan, México Tel.: +5255-5360-1010 Fax: +5255-5360-1100 E-mail: granica.mx@granicaeditor.com
SANTIAGO	Ediciones Granica de Chile S.A. San Francisco 116 Santiago, Chile E-mail: granica.cl@granicaeditor.com
MONTEVIDEO	Ediciones Granica S.A. Salto 1212 11200 Montevideo, Uruguay Tel./Fax: +5982-410-4307 E-mail: granica.uy@granicaeditor.com

www.granica.com

I.S.B.N. 978-950-641-522-8

Hecho el depósito que marca la ley 11.723

Impreso en Argentina. *Printed in Argentina*

Sbdar, Manuel
    Rompiendomoldes de management y negocios. - 1a ed. -
Buenos Aires : Granica, 2007.
    240 p. ; 22x15 cm.

    ISBN 978-950-641-522-8

    1. Management. I. Título
    CDD 658

A mi mujer Daniela

A mis hijas Laura y Julieta

ÍNDICE

AGRADECIMIENTOS

A Marcelo Franco, quien me propuso el desafío de escribir. Fue un lujo contar con sus recomendaciones y consejos en el inicio, es un privilegio compartir hoy proyectos y pensamientos.

A Federico Ast, por su incansable colaboración. Los trabajos de investigación, libros y artículos que cito son el resultado de una búsqueda sistemática y meticulosa. Las opiniones y conclusiones que este libro expone son válidas gracias a los datos e información que las sustentan.

A Diego Fainburg por su acompañamiento, sus ideas y reflexiones.

A Claudia Sbdar por estar siempre en el lugar justo con la palabra justa.

A Omar Toulán, que en su prólogo ha interpretado desde su perspectiva lo que he querido transmitir.

A Andrea Attis Beltran y al grupo Todo Colaboración, que en sus comentarios han detectado temas dentro de los tema y construido ingeniosas creaciones paralelas.

A los alumnos y compañeros de ESADE y Di Tella, fuente inagotable de temas, experiencias y PREGUNTAS.

A Daniela.

PRÓLOGO

Rompiendomoldes nos brinda una muy bienvenida contribución a la tarea de navegar por el mundo de la bibliografía sobre management, que a menudo resulta tan ardua. En lugar de adoptar una perspectiva estrecha e intentar generalizarla, como suele ocurrir, el autor se propone desafiar muchas de nuestras ideas sobre la teoría del management. En lugar de presentar soluciones prolijamente armadas aunque simplificadas en exceso, obliga al lector a interrogarse sobre cuestiones fundamentales. Tal como lo dice en la primera página, no existen panaceas que resuelvan todas las situaciones. La aplicabilidad de distintas ideas y soluciones está determinada por el contexto.

El autor desafía al mundo académico sobre materias de negocios y a los gurúes del management, como así también a los directivos que creen que la producción de los primeros no sirve para otra cosa que para confundirlos más aún a la hora de hacer su trabajo. La verdad que el autor sostiene cae en algún punto intermedio. Una gran idea llevada a sus extremos, o ubicada en el contexto indebido, puede ser tan mala como la carencia de ideas. Sin embargo, cuando las ideas se aplican correctamente constituyen una fuente de ventajas competitivas. Tomemos el ejemplo del emprendedor. Si bien el instinto y las corazonadas pueden ser importantes, no son por sí mismos suficientes para llevar la idea desde el garaje hasta los estantes de las librerías.

Los temas tratados en *Rompiendomoldes* cubren todos los aspectos de los negocios, desde la creación de valor en las adquisiciones, hasta los desafíos propios de conciliar el trabajo con la familia. Este libro plantea cuestiones propias no sólo del directivo como líder de una empresa, sino también como persona. Este foco con perspectivas múltiples es uno de los cimientos y fuerzas principales de la obra. ¿Cómo se hace para equilibrar las necesidades de la empresa, de las personas y de la sociedad en general? La elección de la respuesta queda a cargo del lector; lo importante, sin embargo, es plantear la pregunta.

Al construir sobre la base de sus notas, el autor no se limita al al material sobre management; además, traza analogías con el arte, la historia, la filosofía, la religión y la psicología, entre otras disciplinas. De este modo, junto a las referencias a Tom Peters y a Henry Mintzberg el lector encuentra también alusiones a Platón, a los Medici, a Van Gogh y a Freud. Además de tener una visión multidisciplinaria, Sbdar maneja las diferencias del pensamiento gerencial en el mundo. De este modo, no sólo se fija en lo que sale de Harvard, de Standford y del MIT en los Estados Unidos, sino también en sus equivalentes de Europa, América Latina y Asia.

Dentro del amplio espectro que cubre este libro, los siguientes temas atraviesan toda la obra.

- ¿Qué cualidades distinguen a un buen emprendedor de un gerente?
- ¿Qué responsabilidad tiene la empresa ante la sociedad en general?

- ¿Cuál es el impacto de la empresa sobre las personas y de la sociedad sobre la empresa?
- ¿Qué cambios introduce en el escenario de negocios el mayor acceso a la información?

La gente que actúa en el mundo de los negocios debe pensar en estas cuestiones, y llegar a conclusiones adecuadas a sus circunstancias particulares.

Manuel Sbdar mira hacia el futuro, y más que hacer predicciones, ayuda a identificar las cuestiones en las que pensamos, desde el efecto de la tecnología en el trabajo hasta el papel que tendrá China y el futuro de la preocupación por el medio ambiente. En síntesis, *Rompiendomoldes* ofrece una lectura renovada sobre los desafíos críticos que han de enfrentar los directivos, hoy y en los años venideros.

Dr. Omar Toulan
Profesor adjunto y decano adjunto
McGill University Faculty of Management

BUSCANDO LA PREGUNTA
QUE ROMPA LA ÚLTIMA RESPUESTA

¿Recomendaciones? ¿Consejos? No es este el lugar para buscarlos. El mundo de las organizaciones es demasiado rico y variado como para descifrar fórmulas mágicas. El filósofo francés René Descartes nos enseñó a dudar de nuestros conocimientos más seguros. Esa ha sido mi intención con este libro. Bucear por debajo de las teorías del management que muchas veces damos por ciertas para ofrecer enfoques desde los cuales se pudiera disparar una reflexión propia.

Las organizaciones no son más que un reflejo de las sociedades en las que se desenvuelven, y sobre cada aspecto de su existencia es posible leer múltiples opiniones y formular múltiples teorías.

La diversidad, presente en las organizaciones, es cada vez más visible y, al mismo tiempo, mejor vista. Quizás por eso es que también esa diversidad se traslada a quienes estudian e intentan interpretar su comportamiento. He procurado abarcar las miradas más disímiles sobre las distintas temáticas abordadas, y para eso el trabajo de búsqueda de autores, profesores e investigadores ha sido clave, en ocasiones, para contrastar una opinión, mostrar inconsistencias, o para adherir a esas miradas.

En todos los casos, los autores citados y las miradas transmitidas son solo eso: diversas miradas, ninguna de ellas la única.

A través de este camino, sin verdades absolutas, sin consejos prácticos, poniendo en duda todo lo posible, propongo aquí romper algunas respuestas que más que respuestas son moldes que aprisionan nuestro pensamiento.

Este libro es una recopilación de artículos sobre management y negocios publicados en Clarín.com.

La primera pregunta apunta al corazón del management: los negocios y las empresas e, inseparables de ambos, los empresarios. ¿Por qué los sentimientos extremos de amor y odio, desprecio o idealización sobre estos sujetos de nuestra sociedad? El peso que tienen las empresas en nuestro modelo de convivencia y su funcionamiento pueden servir para contestar esta cuestión.

El segundo interrogante pone su atención en una institución nacida como consecuencia de la explosión del management a principios del siglo XX –la de las escuelas de negocios– y trata de descifrar qué debería esperarse realmente de ellas y compararlo con lo que ofrecen.

En la novela de Ernesto Sabato *Sobre héroes y tumbas*, Bruno dice: "…no recuerdo quién dijo que no leía para no perder su originalidad. ¿Se da cuenta? Si uno ha nacido para ser o decir cosas originales, no se va a perder leyendo libros. Si no ha nacido para eso, nada perderá leyendo libros… Además, esto es nuevo, estamos en un continente distinto y fuerte, todo se desarrolla en un sentido diferente. También Faulkner leyó a Joyce y a Huxley, a Dostoievsky, y a Proust. ¿Qué, quieren una originalidad total y absoluta? No existe. En el arte ni en nada. Todo se construye sobre lo anterior. No hay pureza en nada humano. Los dioses griegos también eran híbridos y estaban infectados (es una manera de decir) de religiones orientales y egipcias".

Las escuelas de negocios vienen enseñando lo mismo desde 1950. El programa de estudios anterior era de 1908. "¿Qué quieren, una originalidad total y absoluta?" No, aunque sí *honestidad* total y absoluta.

Al entrar en el corazón del management y las empresas, nos encontramos con la cuestión más pragmática: la toma de decisiones. Siempre debemos decidir. ¿Hay algo que realmente se pueda aprender para decidir mejor?

Seguro que sí. Tanto quienes investigan sobre temas más innovadores como *revenue management*, basurología, marketing relacional, como quienes trabajan con teorías más clásicas como la de colas, incentivos o evaluaciones, tienen muchas cosas que decir.

Y esos aportes son presentados en un lenguaje de divulgación, no para ser aplicados inmediatamente, sino para saber que existen y que pueden ser utilizados de manera práctica y eficiente.

La sección "Mundo 2020" (pág. 85) indaga y recorre tendencias. El futuro es uno de los principales protagonistas de cualquier decisión y la forma de predecirlo es un proceso fundamental para cualquier organización, no importa su tamaño o actividad. El futuro del trabajo, el uso del conocimiento, la biotecnología y el teletrabajo son algunas de las cuestiones abordadas en esa sección.

Desde los conceptos más descriptivos de los primeros capítulos hasta el mayor compromiso de la opinión en los últimos, se evidencia que las decisiones en las empresas nunca son inocuas ni neutrales. Y por eso, lo que es bueno para algunos es malo para otros. Recorro entonces, sobre datos verdaderos, lo que para mí es "lo bueno, lo malo, lo lindo y lo feo": desde la RSE, hasta los negocios de la droga o el tráfico de órganos. Desde la situación de las minorías y el trato hacia ellas en las organizaciones, hasta la mezcla de negocios y corrupción.

Finalmente, incluyo un grupo de columnas que dejan una marca positiva y optimista. Algo está cambiando en las empresas, y creo que para bien. Una generación de jóvenes con mentalidad más abierta, más descontracturada, con un marco cognitivo más amplio, pondrá el acento en organizaciones más libres y equitativas. Eso espero.

I.
EN LAS ESCUELAS DE NEGOCIOS YA ESTÁ (CASI) TODO INVENTADO

"Utilizar las aulas para ayudar al desarrollo de personas que ya practican la dirección es una buena idea, pero pretender crear directivos a partir de gente que no ha dirigido en su vida es una vergüenza."

Henry Mintzberg, *Managers, not MBA's*

Breve historia de los negocios

Atenas, siglo v a.C. Pericles se dirige a su séquito de escla-
vos: "Estoy preocupado por la marcha del negocio. El último trimestre tuvimos una merma de ingresos del 5%. A
partir de hoy, aplicaremos un modelo de negocio centra-
do en la innovación. Necesitamos reforzar nuestra posición
estratégica". ¿Se imagina las caras de su auditorio?

En *The Business Life of Ancient Athens*, George Miller Calhoun describe el mundo comercial ateniense. No todo era
escultura y filosofía en la polis. Atenas también se caracte-
rizaba por su economía monetaria, su intenso comercio ma-
rítimo y hasta un sistema bancario relativamente desarrollado. No obstante, los griegos no tenían en alta estima a
los comerciantes, quienes con frecuencia eran excluidos de
la ciudadanía. Aristóteles los acusaba de ejercer una actividad en contra de la naturaleza por su afán de lucro. Y este
tipo de mentalidad persistió en Roma, donde los pensado-
res Cicerón y Séneca acusaban a los negociantes de causar
la degradación moral del pueblo.

En la Edad Media, si bien la agricultura y la artesanía
en pequeña escala eran aceptadas como formas legítimas
de ganarse la vida, el comerciante seguía siendo desprecia-
do. Tomás de Aquino sostenía que el vendedor tenía la obligación moral de fijar el precio de sus artículos según su "valor real", y que era ilícito especular con los desequilibrios
entre oferta y demanda para aumentar los beneficios.

Es decir, hasta los inicios de la modernidad, los hombres de negocios no habían logrado insertarse exitosamente en sus respectivas sociedades y siempre habían sido ta-
chados de ejercer oficios innobles.

¿Y cuál fue el recorrido del management a lo largo de
la historia? Piense en los egipcios construyendo sus monu-
mentales pirámides. Imagine a los romanos administrando
su enorme imperio. Si bien no siempre fue aplicado estric-

tamente a los negocios, el management parece haber acompañado al ser humano desde tiempos remotos, mezclado entre las artes de gobierno y las estrategias bélicas.

La confluencia entre management y negocios recién se produce en la Gran Bretaña del siglo XIX, en plena Revolución Industrial y auge del capitalismo. En aquellos tiempos, dedicarse a los negocios dejó de ser motivo de vergüenza y marginación. Y es en este ambiente donde nació el management moderno, de la mano del ingeniero estadounidense Frederick Winslow Taylor, padre del famoso "taylorismo". Su libro *Shop Management* (1903), tal vez el primer texto de administración, describe las prácticas que debía adoptar todo industrial para impulsar su eficiencia y beneficios.

Lo que faltaba para consolidar al management como una disciplina ampliamente aceptada era su introducción en el sistema educativo. Y, en pleno ascenso económico de los Estados Unidos, la Universidad de Harvard dio el paso decisivo, al crear un programa de negocios en los primeros años del siglo XX. Luego, la iniciativa fue imitada por las universidades de Chicago y Pennsylvania (Wharton).

Si bien, en un primer momento, los círculos académicos se resistían a considerar la educación en negocios como una disciplina intelectual, los MBA acabaron ganando la pulseada. En las décadas de los '70 y '80, la cantidad de alumnos que los cursaban creció exponencialmente. Temas como el marketing relacional, el revenue management, el marco cognitivo en el comportamiento organizacional, son algunos de los campos en los que evolucionaron los conocimientos en el ámbito del management y los negocios.

La última parada en este breve recorrido por la historia de los negocios pasa necesariamente por la investigación. En otros tiempos, los avances provenían exclusivamente de los empresarios que creaban nuevas técnicas. Pero hoy, se añade el componente académico. Las escuelas de negocios más reconocidas mundialmente son aquellas que destinan una porción sustancial de sus presupuestos a la investigación y que permiten ampliar la frontera del conocimiento.

El desafío en el ámbito del management actual no es solo formar a los ejecutivos del mañana, sino expandir nuestra comprensión de forma crítica, plural y creativa sobre los temas que el mundo de los negocios enfrenta día a día. Un desafío instalado en esta larga historia del management, nacida casi con la humanidad.

Ya lo decía el Talmud: "Si no me preocupo por mí, ¿quién lo hará? Pero si solo me preocupo por mí, ¿qué soy?"

De tanto en tanto vale la pena indagar sobre los orígenes de las teorías. Una pregunta de mi amigo David disparó una búsqueda que resultaría cautivante. "¿Creen que la teoría de la diversificación de cartera de inversiones es un invento de nuestro tiempo?", lanzó en tono provocador. "El Talmud aconsejaba dividir los activos en tres partes: un tercio en tierras, un tercio en negocios y un tercio como reserva de dinero. Al parecer, aquellos viejos sabios sabían que, diversificando, se reducía el desvío estándar del portafolio, y se dejaba al agente a salvo de las fluctuaciones del mercado."

La creencia en que los orígenes del management se remontan al siglo XIX, en el apogeo de la Revolución Industrial, encuentra fuertes disidencias. Muchos de los conceptos que hoy forman parte de la columna vertebral del management ya peinan canas. La monumental obra citada se terminó de escribir hacia el siglo VI de nuestra era y contiene una compilación de varias centurias de pensamiento y conocimientos de la comunidad judía de Medio Oriente.

Entre una infinidad de temas de geografía, astronomía, ética, política y religión, el Talmud se hizo un espacio para brindar una serie de lecciones de management que aún sorprenden por su actualidad.

En 2003, Mitchell Langbert y Hershey Friedman, profesores de negocios del Brooklyn College de la City University of New York, señalaron que los eruditos de la era talmúdica poseían conocimientos de "liderazgo transformacional", una disciplina que solo recibió tratamiento sistemático en los últimos 30 años como un modo de estudio de los procesos de cambio en las organizaciones. ¿Cómo mantener la armonía en la empresa en épocas de profundos cambios (por ejemplo, al concretarse una fusión)? Según estos especialistas, los líderes judíos entre los siglos IV y II a.C. enfrentaron una situación de fuertes cambios, ante la creciente amenaza del Imperio Romano. ¿Cómo lograron mantener la unión en el pueblo? Aplicando el criterio que hoy constituye el denominado liderazgo transformacional: la idea de que una organización sobrevive gracias a su moral, su visión y la preocupación por cada uno de sus miembros.

¿Le interesan los recursos humanos?

En 1957, el célebre gurú Douglas McGregor escribió que los empleadores podían tener obreros más productivos si los trataban como seres humanos en vez de como máquinas. Pero estas ideas nada tienen de modernas. En una investigación de 2001, Hershey Friedman sostiene que el Talmud ya pregonaba las virtudes de un trato humanitario hacia los trabajadores. El empleador justo –advertía el Talmud–, aquel que lograba obtener un máximo rendimiento de sus trabajadores, era quien no los saturaba ni les asignaba tareas denigrantes sino que les daba actividades motivadoras y que les permitieran superarse constantemente.

El campo de la negociación tampoco quedó fuera de esta obra. Milenios antes del gurú de Harvard, William Ury, el

Talmud ya indicaba formas correctas e incorrectas de negociar. ¿Cuáles son las claves para una negociación exitosa? Jamás hay que considerar a la otra parte como enemiga, nunca hay que intentar aprovecharse de ella. Los resultados óptimos se obtienen hablando claro y con la verdad.

Estos son apenas algunos ejemplos de las enseñanzas en management que nos legaron los antiguos. Sin dudas, ellos no llegaron al grado de refinamiento teórico que tenemos hoy. Pero tal vez sí nos hayan superado en un aspecto para nada trivial. En todo momento en que aborda temáticas de management, el Talmud lo hace con una perspectiva ética, donde lo que prevalece no son los propios intereses egoístas sino el bienestar de la comunidad. El individuo tiene derecho a beneficiarse de sus negocios, pero su esfera de vida no debe reducirse exclusivamente a ellos. La clave es encontrar un equilibrio entre dar y recibir. En Avot 1:14, el Talmud define magistralmente la esencia que debe envolver al hombre de negocios: "Si no me preocupo por mí, ¿quién lo hará? Pero si solo me preocupo por mí, ¿qué soy?". Sabiduría antigua que nunca pasa de moda.

2.500 años antes que Porter, Sun Tzu, el adelantado

"Señores, nuestra estrategia será la siguiente. Necesitamos invadir el territorio asiático. Emprenderemos un ataque contra el enemigo en su propio terreno. Nuestras capacidades nos permitirán soportar con éxito una guerra de desgaste y forzar a nuestro rival a realizar maniobras defensivas. Así, iremos erosionando su posición estratégica y conquistaremos su centro de operaciones."

¿Son estas las palabras de un CEO o las de un general minutos antes de entrar en una batalla? "Conquistas", "invasiones", "maniobras ofensivas y defensivas" y "estrategia" son términos comunes a la guerra y los negocios.

Y las semejanzas no han pasado inadvertidas para las grandes escuelas de management del mundo. La prestigiosa Wharton, por ejemplo, organizó hace algunos años una conferencia titulada "Desde los campos de batalla al directorio: aplicando el liderazgo militar al mundo corporativo", donde tres ex oficiales del ejército explicaron cómo su experiencia en las Fuerzas Armadas los había preparado para sus carreras empresariales.

Dentro de este marco, cobra relevancia *El arte de la guerra* de Sun Tzu, un estratega militar chino del sexto siglo antes de Cristo. Sus reflexiones siguen sorprendiéndonos por su asombrosa actualidad y su aplicación casi directa al management. Veamos algunos ejemplos...

¿Qué es la estrategia?

Dos milenios y medio antes que los gurúes Michael Porter y Henry Mintzberg, Sun Tzu nos dio su respuesta: *Tao, Cielo, Tierra, General* y *Método* son las claves. En términos modernos: liderazgo, conocimiento de las condiciones del terreno y técnicas, nociones semejantes a las que enseña la academia de nuestro tiempo.

Sun Tzu escribió: "Vencerá aquel cuyo ejército esté animado por el mismo espíritu a través de todos sus rangos". ¿Qué mejor definición de los objetivos de la moderna corporate governance?

El famoso estratega chino hasta estudió las características del liderazgo. Los principales defectos del líder son la excesiva osadía, la cobardía, un temperamento precipitado y la búsqueda de honores. El líder debe ser el primero en todos los trabajos. Siempre debe predicar con el ejemplo.

Sun Tzu escribió: "Tomar el país intacto es lo ideal y destruirlo es inferior (…) La excelencia suprema consiste en vencer al enemigo sin luchar". En efecto, ¿qué sentido tiene "conquistar" un mercado a través de una guerra de precios?

En definitiva, la estrategia tiene raíces bien profundas en la historia de la humanidad, sin embargo, ¿es realmente Sun Tzu un estratega de guerra? Durante años, los militares se han ufanado de ser los inventores de la estrategia. Pero, en realidad, Sun Tzu desarrolla un sistema no solo de estrategias bélicas, sino de filosofía. Y, al igual que la guerra, los negocios son uno de los tantos terrenos donde el hombre se ve obligado a pensar estratégicamente. Por eso, podemos reflexionar sobre las enseñanzas de este filósofo desde una visión más global, como consejos aplicables a todas las esferas de nuestra existencia. Más provechoso que concebir a Sun Tzu como un estratega militar, es considerarlo como un consejero para la vida.

Una visión distinta. CEO filósofo, la revancha de Platón

En su célebre tratado *La República*, el pensador griego Platón sostenía que el filósofo era la persona más capacitada para dirigir un Estado. Solo el arduo estudio de la naturaleza humana y del mundo de las ideas otorgaba la prudencia y sabiduría necesarias para las artes de gobierno.

Sin embargo, salvo por unas pocas excepciones, como el gobierno del emperador romano Marco Aurelio, los filósofos siempre fueron marginados del poder. Incluso, se ha forjado la imagen popular del filósofo en la biblioteca, hundido entre gruesos volúmenes polvorientos, especulando sobre cuestiones metafísicas sin conexión con la vida práctica.

No obstante, en los últimos tiempos, ha comenzado a imponerse una tendencia que podría otorgar su tan postergada revancha al discípulo predilecto de Sócrates. El lugar no es ya la polis griega del siglo V a.C., sino las corporaciones multinacionales de nuestra época.

El financista húngaro-norteamericano George Soros recibió una profunda influencia de Karl Popper mientras

31

estudiaba en Londres. Shona Brown, vicepresidenta de Operaciones Empresariales de Google, tiene un master en Filosofía. ¿Le suena Carly Fiorina? La ex CEO de Hewlett-Packard, una graduada en Filosofía e Historia Medieval, quien una vez declaró que la transformación social de la Edad Media al Renacimiento es similar al cambio tecnológico que hoy enfrenta el mundo. La lista de ejecutivos prestigiosos con formación filosófica incluye también a Carl Icahn (TWA Airlines), Gerald Levin (Time Warner) y Lachlan Murdoch (hijo de Rupert Murdoch, el magnate de los medios).

En un reciente artículo de la Escuela de Negocios de Wharton, se pone el foco en la aceleración del cambio tecnológico, sus causas y consecuencias sociales. Yoram Wind, profesor de Marketing de Wharton y director del SEI Center for Advanced Studies in Management afirma: "La decisión de introducir un invento implica mucho trabajo en distintas dimensiones, incluyendo un examen del sistema de creencias del mercado".

Los ingenieros tal vez sean capaces de inventar maravillas tecnológicas, pero no necesariamente saben si el público se encuentra dispuesto a aceptarlas. ¿De qué sirven tantos millones gastados en una tecnología revolucionaria, si la innovación atenta contra hábitos y creencias fuertemente arraigados en la sociedad?

Imagine que usted es el CEO de una compañía de hardware médico avanzado. El jefe de su equipo de ingenieros le dice: "Debe invertir en nanotecnología. Con los fondos suficientes podemos desarrollar unos pequeños robots que se inyectan en el cuerpo del paciente, diagnostican enfermedades y toman automáticamente las medidas necesarias para curarlas. El margen de error es casi nulo. Es decir, son mucho más confiables que los médicos humanos".

¿Qué le respondería usted?

A) Adelante, investigue.
B) Debo consultarlo con mi filósofo.

No hay una respuesta correcta. Sin embargo, tal vez no sea una mala idea optar por B. Se trata de una elección trascendental que determinará el rumbo de la compañía durante muchos años. Una decisión equivocada puede significar el fin. Pero, ¿qué puede aportar el filósofo para resolver el dilema?

Las grandes empresas son organizaciones complejas que enfrentan problemas complejos en una gama de cuestiones que van desde la política de compensaciones hasta el liderazgo y la ética. En cada desafío se mezclan celos, orgullos personales y una despiadada lucha por el poder. ¿Cómo desenredar esta maraña de intereses contrapuestos en una época de súper especialización, cuando es posible saber cada vez más sobre cada árbol, pero también se vuelve cada vez más difícil entender el bosque? Todo esto es el campo de estudio de la Philosophy of Management, una nueva disciplina hoy en boga en la prestigiosa Universidad de Oxford.

Dirigir una corporación requiere un sólido conocimiento de la naturaleza humana, de sus miedos, incentivos y aspiraciones. No todo es cuantificable, no todo puede reducirse a modelos matemáticos. Pararnos frente a esta visión supone entender que una formación humanista puede constituir el marco ideal donde alojar la creatividad, el espíritu emprendedor y la disposición al riesgo. Un marco construido con un arduo estudio de la naturaleza humana y del mundo de las ideas. Un marco consolidado, como lo definiera Platón, por la prudencia y la sabiduría.

Bernard Shaw no asistió a una escuela de negocios

Cierta noche, George Bernard Shaw, el eximio escritor irlandés, participaba de una cena mundana. Reconocidamente feo, su ingenio compensaba ampliamente su apariencia. Shaw estaba sentado al lado de una mujer bonita que se destacaba por su lamentable nivel de conversación. Entre plato y plato, ella le propuso: "Deberíamos concebir un niño juntos. Tendría mi belleza y su inteligencia". "¡Oh! Nada de eso", objetó Shaw de inmediato: "Me aterrorizaría que fuera a la inversa".

Esta breve anécdota que nos relatan Jacques Testart y Christian Godin en *El racismo del gen*, puede impulsarnos a discutir los factores del éxito empresarial. Algunos sugieren que no hay técnicas para la fortuna y que las razones del triunfo deben buscarse en la genialidad del entrepreneur. Otros afirman que, en nuestro mundo ultraespecializado, el camino hacia el éxito debe incluir una escala ineludible en una escuela de negocios. ¿Existe una mezcla ganadora de genialidad y técnica? ¿Puede esta aprenderse?

Miles de estudiantes de MBA en el mundo gastan mucho dinero para concretar su sueño de convertirse en empresarios exitosos. Pero... ¿qué es exactamente lo que se estudia en las business schools? Si bien existen diferencias entre distintas universidades, en rasgos generales, todas pretenden transmitir a sus alumnos los conceptos fundamentales del área como, por ejemplo, análisis financiero, estructuras corporativas y cálculos estratégicos. Por otro lado, también intentan acostumbrar a los estudiantes a trabajar duro. Exámenes, trabajos prácticos y presentaciones no solo apuntan a fijar los conocimientos teóricos y prácticos, sino también a formarles un carácter dinámico y perseverante.

Sin embargo, Michell Fiol, profesor de la HEC de París (una escuela de negocios mundialmente reconocida), advirtió recientemente, en una charla ofrecida a un grupo de estudiantes de MBA: "No podemos pretender enseñar *cómo ser* un buen hombre de negocios, solo podemos intentar decir *qué es* ser un buen hombre de negocios".

En su libro *Lasting leadership* (Liderazgo duradero), el profesor Mukul Pandya afirma: "Develar la fórmula del liderazgo puede acabar en frustración. Sería como estudiar a Miguel Ángel o a Shakespeare; es posible imitarlos o emularlos, pero imposible obtener la fórmula del David o de Hamlet". Pandya aporta algunos de los atributos que identifica con los líderes; como he mencionado, deben ser creíbles, visionarios, capaces de crear marcas, aprender rápidamente y volverse hábiles en el manejo del riesgo.

Pero... ¿pueden realmente aprenderse estas habilidades? En el descubrimiento y explotación de un nicho novedoso de mercado radicó la genialidad de los fundadores de Google y You Tube, hombres que, en pocos años, saltaron del ostracismo hasta los primeros puestos del ranking de la revista *Fortune*. Ellos vieron algo que los demás ignoraban. ¿Puede un MBA enseñar esta visión? Difícilmente. El futuro siempre ha sido esquivo hasta para los más preparados.

¿Qué ocurre con la voluntad de asumir riesgos? Todo estudiante de MBA sabe que la fórmula "el que no arriesga, no gana" está siempre presente en el mundo de los negocios. En muchos casos, la llave al éxito implica un análisis casi irracional de los costos de oportunidad. Bill Gates abandonó Harvard para dedicarse de lleno a su empresa. Renunció a una carrera lineal y bien remunerada para probar suerte con su visión. Los resultados están a la vista. Otro caso paradigmático de empresario aventurero es el de Jeff Bezos, fundador de Amazon, quien abandonó su cómodo sillón de vicepresidente en D.E. Shaw & Co. de Wall Street para empezar a vender libros desde un garaje de Seattle. Hoy, su fortuna se calcula en 4 mil millones de dólares.

Estos ejemplos nos muestran que existe un elemento de genialidad en los empresarios triunfadores. Hay algo que ellos vieron, algo que hicieron que no fue visto ni habría sido hecho por la gran mayoría de los mortales. Entonces, ¿el éxito es pura genialidad? ¿Para qué sirven las escuelas de negocios?

El inventor Thomas Alva Edison dijo: "El genio es un uno por ciento de inspiración y un noventa y nueve por ciento de transpiración". Y, es cierto, ese uno por ciento que distingue a Bill Gates del resto no puede aprenderse en las escuelas de negocios. Sin embargo, estas aportan buena parte del noventa y nueve por ciento restante. No todo puede enseñarse. El riesgo ya fue advertido por George Bernard Shaw, para desilusión de su bella acompañante. Entre saber cómo es un exitoso empresario y serlo uno mismo hay un camino sinuoso, difícil de transitar y, sobre todo, de resultado muy incierto. Tan incierto como lograr la combinación ideal entre belleza e inteligencia.

Un libro original y valiente como pocos: *Managers, not MBA's*

"Los programas MBA no son los únicos responsables de todos los aspectos disfuncionales de la dirección que vemos a nuestro alrededor, desde los esquemas exagerados de compensación de los ejecutivos y las estrategias y fusiones fracasadas, hasta los escándalos de comportamiento empresarial deshonesto, todo ello indicativo del fallecimiento del liderazgo. También han contribuido a ello una prensa empresarial exagerada y unas prácticas consultoras más que cuestionables. Pero lo han hecho en conjunción con los programas formativos, que han legitimado y animado algunos de los comportamientos que precisamente deberían desafiar."

Basta con leer atentamente el plan de estudios de cualquier MBA de cualquier país del mundo. Lo primero que llama la atención es que no importan las siglas, el programa es el mismo (palabras más, palabras menos). Lo segundo, que detrás de cada programa, las materias, sus contenidos son también los mismos; y por último, y tal vez lo más decepcionante, los libros, los casos, la metodología, los chistes, las discusiones, los power points, son también *los mismos*. Y son los mismos desde hace muchos años.

Una actuación que se repite, una escenografía que año a año se actualiza. Ya sea con un decorado de alfombras rojas y barandas doradas, o con una arquitectura racionalista y minimalista. Conservador o descontracturado, el contenido es más o menos igual.

Entonces ¿qué hay detrás de esos decorados? Lo primero: falsas discusiones. Lo importante no es resolver si se aplicará el método de casos o el método académico de enseñanza. Si aulas circulares o auditorios tradicionales. Si tiempo completo o part time. Eso no es el fondo.

El interrogante de mayor compromiso y, por eso, más inquietante, es: ¿qué saberes se imparten allí? Y esos saberes, ¿son transmitidos a las empresas?

Una respuesta posible: el mercado existe, la oferta satisface su necesidad.

¿Por que razón alguien tendría interés en estudiar un programa de negocios?

Después de varios años y cientos de entrevistas con candidatos a cursar estos programas, podría intentar una clasificación con el riesgo de simplificación que toda clasificación encierra.

Están los aspirantes que buscan un verdadero conocimiento, quienes buscan aprender algo que no saben. Personas con formación en disciplinas ajenas a los negocios, generalmente insertas en una actividad empresarial y con déficit de conocimientos específicos en áreas de finanzas, procesos, marketing, etc.

Un ejemplo clásico es el médico que trabaja en una prepaga, y necesita entender el funcionamiento de la maquinaria organizativa, necesita entender "el negocio".

Están quienes poseen esos conocimientos, pero creen que para progresar en su ámbito laboral, necesitan un "título" que los acredite, y en ese terreno la mayor reputación la tiene el MBA. Para progresar en la carrera hacia una gerencia es necesario tener un MBA, piensan, y eso es lo que intentan conseguir: un pasaporte a la ansiada posición.

Están los que buscan su destino. No conformes con lo que estudiaron o con lo que hacen en su mundo laboral-profesional, buscan un cambio de rumbo. Buscan una experiencia que les cambie la vida. Muchos directores de MBA se arriesgan a dar ese mensaje. Aseguran, con voz de predicador, que el MBA les cambiará la vida.

Están quienes son "enviados" por las empresas en las que trabajan, en algunos casos porque las empresas creen que realmente les traerá un beneficio, en otros porque es un elemento de retención. Mientras sean alumnos del MBA, permanecerán en la empresa. También es una forma de pagar remuneración extrasalarial cuando las estructuras de retribución de las compañías son muy rígidas. Otras veces, las empresas envían a sus ejecutivos a realizar sus postgrados simplemente porque es una experiencia por la que atravesó el CEO y es "su escuela".

El CEO se siente parte de o agradecido o identificado con esa escuela que le permitió lograr su posición, y enviar a su gente a estudiar en ella es una forma de reconocimiento y, por qué no, de retribución.

El mercado existe, pero es sumamente complejo.

Finalmente están los empresarios. Por lo general pequeños o medianos. Saben muy bien cómo llegaron hasta donde llegaron, conocen el esfuerzo que significa *hacer* una empresa, y el sacrificio que implica mantenerla. Ellos sí van en busca de conocimientos, saben que pueden aprender algo útil y lo quieren aplicar inmediatamente.

En casi todos los casos, la red, el vínculo, la pertenencia, juegan un rol muy importante. Después de décadas, los antiguos alumnos se siguen refiriendo a la escuela donde estudiaron como *su* escuela.

Funciona. Funciona para los candidatos y graduados: el mercado les certifica su título, el mundo ya lo ha hecho. Funciona para las empresas: es un proceso que suma motivación, remuneración extrasalarial, conocimientos, imagen en el mercado (la empresa paga MBAs). Y, por supuesto, funciona para las escuelas: es su negocio.

Un producto maduro, una cantidad de conocimiento enlatado, bien presentado pero totalmente amortizado, que año a año es vendido a miles de ávidos candidatos a entrar al club que "les cambiará la vida".

Claro que los más experimentados y analizados saben que un programa de estudios no le puede cambiar la vida a nadie. En todo caso, le dará acceso a un trabajo mejor, le mostrará oportunidades, pero no hará el trabajo por la persona. Ver una oportunidad no significa tener el impulso o la capacidad para aprovecharla.

La ingenuidad de algunos postulantes, unida a la picardía de algunos directores de programas, construye una mezcla explosiva. Su resultado: una gran desilusión.

Sabemos que las expectativas mal manejadas o infladas en exceso generan grandes frustraciones. En el mejor de los casos, formar parte de un MBA en negocios no debería ser más que eso. Un conjunto de cursos, de la mejor calidad, con el mejor contenido, y con los expositores más idóneos, con más experiencia y con la mayor capacidad de comunicación. Eso, ni más ni menos.

Pero cambiar la vida es otra cosa.

Habiendo cientos de miles de personas en el mundo que hablan de la importancia de hacer un MBA, no es extraño que otras cientos de miles de personas quieran hacer un MBA.

El mercado está.

El programa está. Es (casi) el mismo en todo el mundo.

¿Sirve? Claro que sí. La cuestión es tener claro para qué, qué se puede aprender y qué no.

¿Qué saben de negocios algunos decanos de escuelas de negocios?

¿A quién no le gusta hacer aquello para lo que se formó?

Años estudiando, para obtener primero el título de grado, luego un master en una universidad de prestigio del exterior, y finalmente el tan ansiado doctorado. La investigación o la economía aplicada, dos posibilidades bien diferentes pero dos posibilidades al fin.

Un economista que se precie sabe que el mundo de los negocios es un mundo diferente. Las empresas, los negocios, el management de las organizaciones, son vistos por los economistas como objeto de estudio dentro de un mundo mayor, una pieza más en el gigante engranaje que es la *economía*.

Toda escuela de negocios "debe" incluir en el currículo de su MBA cursos de economía, en general dos –uno de macro y otro de microeconomía–, que constituyen la puerta de acceso de los economistas académicos al mundo BIZ.

Pero una vez adentro, se encuentran con zonas que pueden ocupar sintiéndose razonablemente cómodos: las finanzas y la teoría de decisiones. La matemática y las estadísticas son herramientas de uso básico en el desarrollo de la investigación económica. Siguen siendo áreas del conocimiento en donde el roce con la empresa no es definitorio. Es posible enseñar econometría, es posible explicar una regresión sin haber pisado antes una empresa.

Una vez dentro del programa, una vez dentro de la escuela, ocurre algo que Henry Mintzberg capturó con gran lucidez.

Los economistas, a diferencia de los especialistas en marketing, por ejemplo, se consideran a sí mismos investigadores duros. De hecho, existen en el mundo de la investigación distintas jerarquías o reputaciones. Cuantos más números, cuantos más signos, cuantas menos palabras, mejor. Un investigador muy prestigioso me decía: "Cuando vemos un power point con muchos colores y bien presentado, sospechamos de su rigurosidad". Códigos.

Los economistas que hacen su carrera académica (teaching truck) encontraron en las escuelas de negocios de muchas universidades un ámbito donde desarrollar sus investigaciones, y donde ejercer de "economistas", en paralelo a las escuelas de economía de esas mismas universidades. Pero, claro está, los economistas se sienten cómodos trabajando e investigando junto con colegas que critiquen y apuntalen sus producciones. Por eso es bueno estar rodeados de más economistas.

He conocido excelentes economistas que, habiendo hecho toda su carrera como investigadores, cuando han tenido que administrar, cuando han tenido que ejercer de managers, lo han hecho realmente bien. Otros, fatal.

Pero también he conocido buenos managers médicos, otros, contadores, y otros, filósofos.

Este es simplemente un dato más que confirma qué hay detrás de una formación en negocios: no necesariamente buenos hombres de negocios.

En cualquier caso, es muy difícil sacarse de encima el sesgo de formación, sobre todo si no ha ido acompañada de una experiencia empresarial. Y ese sesgo es el que se trasluce cuando se pone en marcha la formulación estratégica: qué tipo de escuela ser. Una escuela de economía, o una escuela de negocios.

Otras escuelas, en cambio, se han alimentado en su primera hora de hombres y mujeres del mundo empresarial. Managers con formación académica, con sus MBAS o sus doctorados, pero insertos en el mundo corporativo. En estos casos, y con todas las objeciones que puedan hacerse para tan gruesa simplificación, el menosprecio estaba orientado hacia lo académico. La crítica hecha desde esos ámbitos es más que obvia. De nada sirven los conocimientos teóricos alejados completamente de la realidad práctica. Las investigaciones de las escuelas de negocios, dicen esas voces, se quedan en los cajones de sus autores, y les sirven solamente a ellos; pero cuando un gerente toma decisiones, usa sus conocimientos, su experiencia y su instinto.

Por ese motivo, estas escuelas desarrollan sus programas en base a experiencias. Y las experiencias están redactadas como casos.

Estos son los mundos extremos. Con el correr de los años y las exigencias de los clientes, las primeras escuelas han incorporado cada vez más aplicaciones prácticas con fuerte inserción en el mundo empresarial, y las segundas han aligerado su discurso contrario a la investigación. De hecho una ola de prestigio ha cubierto la palabra "investigación" en las escuelas de negocios.

La de Harvard, un clásico exponente de escuela "práctica", en 2003 destinó más de 70 millones de dólares a la investigación, un 23% de su presupuesto, y cuenta con centros de investigación en Hong Kong, Buenos Aires, Tokio y París. El MBA de Wharton publica sus investigaciones en una revista con unos 360.000 suscriptores en 189 países. Además de formar una alianza académica con Wharton, en 2004, la escuela francesa INSEAD publicó 14 libros, 105 papers y 110 estudios de caso.

Las cosas están cambiando.

II.
TOMANDO DECISIONES:
¿HAY ALGO QUE REALMENTE
SE PUEDA APRENDER?

La nueva estrategia del viejo "Y… ¿qué le puedo cobrar?"

Pablo buscó el asiento 38 A. Esperaba un vuelo relajado para llegar fresco a la reunión con su proveedor en Miami. Saludó cortésmente a su compañero de asiento con camisa hawaiana y abrió el portamaleta para guardar el bolso de mano con su imprescindible laptop. El compartimiento estaba repleto. "Señor", se dirigió a su acompañante, "¿podría hacer lugar para poner mis cosas?" "Búsquese otro. Yo llegué primero", contestó el individuo, y volvió de inmediato a las páginas de su libro.

Furioso, Pablo acudió a la azafata: "Dígale a este caballero que saque sus cosas. Yo también pagué los 700 dólares del pasaje". "¿700 dólares?", intervino el hombre desternillándose de risa, "¡yo lo compré a 400!". La señora de la fila 37 se entrometió: "¿Cómo puede ser? ¡A mí me costó 850!". Los ánimos se acaloraron a medida que más y más pasajeros voceaban las cifras más dispares. Incluso hubo quien amenazó con bajarse del avión si no le reintegraban la diferencia sobre el boleto más barato. "No entiendo", dijo Pablo, "todos viajamos al mismo destino… ¿Por qué no pagamos el mismo precio?" En ese momento, una voz se elevó imponente desde las últimas filas: "Revenue management".

El revenue management es una moderna técnica de gerenciamiento que está innovando en las estrategias de fijación de precios en actividades tan dispares como el supermercadismo, el alquiler de automóviles y hasta las emisoras de televisión. En el sector del transporte aéreo, se la emplea para digitar las ventas con el objetivo de viajar con los aviones más llenos. Imagine si usted fuera el responsable de determinar los precios de American Airlines, una compañía que vuela a cientos de destinos en más de cien países. Boletos con descuento, banda negativa, programas de millaje, temporadas altas y bajas en diferentes países… ¡Tamaño dolor de cabeza!

Un error en la fijación de precios podría tener serias consecuencias para la empresa. Si fija tarifas muy altas en algunos vuelos, los aviones despegarán semivacíos. Si los pasajes son muy baratos, los aviones irán llenos pero habrá dejado afuera a potenciales clientes que habrían pagado más que los que consiguieron su pasaje. Gracias al revenue management, las tarifas para cada ruta (e, incluso, de una misma ruta) pueden fijarse con la ayuda de un sistema de cómputos cargado con datos sobre la oferta y demanda de asientos.

El especialista argentino Gustavo Vulcano, profesor de operaciones de la Universidad de Nueva York (NYU), define al revenue management como "la disciplina que aplica métodos cuantitativos para maximizar ingresos frente a una demanda heterogénea. En otras palabras, es vender el producto indicado, al cliente indicado, al precio indicado, en el momento indicado".

En efecto, diferentes clientes están dispuestos a pagar distintas tarifas por un mismo producto. Incluso, un mismo cliente puede aceptar distintos precios en distintas circunstancias. Posiblemente, un hombre de negocios que define un viaje a último momento acepte pagar un poco más que un turista que viene planeando sus vacaciones desde hace meses.

El revenue management está ayudando a resolver este problema en cientos de compañías que están aprendiendo a fijar el precio justo para cada cliente segmentado por poder adquisitivo, gustos, costumbres y ubicación geográfica. Según alega RM Systems, una firma de Seattle especializada en la materia, con esta técnica pueden incrementarse las ventas entre un 3 y 8%. Sin embargo, lo verdaderamente tentador es que puede obtenerse un aumento de entre 50 y 100% en los beneficios. ¿Cómo es posible este milagro?

Según esta misma consultora, "el revenue management consiste en la aplicación de una táctica disciplinada para predecir el comportamiento de los consumidores y optimizar la disponibilidad de productos y precios para maximizar el crecimiento de los ingresos. Es una ciencia dura del management que emplea complejos conceptos matemáticos y poderosas computadoras que procesan gigabytes de datos de información de marketing para predecir con precisión el comportamiento futuro de los consumidores en condiciones dinámicas de mercado y determinar el precio óptimo".

A grandes rasgos, se carga una serie de indicadores en una base de datos donde no pueden faltar elasticidades, características de las distintas bocas de expendio, información sobre los stocks y toda una gama de valores acerca de la demanda de los consumidores. Luego, se corre el programa y se obtiene el precio que debe cobrarse por cada producto en cada sucursal o por cada boleto en una línea aérea, según el caso. Vulcano señala que la aplicación de este método permite el manejo más eficiente de los stocks de acuerdo con las condiciones de demanda. La firma sabe qué, cuándo y a cuánto vender de modo que se obtenga el máximo ingreso con la menor cantidad posible de mercadería inmovilizada en los almacenes. Según advierte el especialista argentino, desde sus rudimentarios inicios a fines de la década de los '70, "el revenue management expande cada vez más su radio de alcance". Y una excelente noticia es que no se necesita ser una gran empresa para beneficiarse con esta técnica de gerenciamiento.

Una teoría sobre las colas

Terminal de ómnibus de Retiro, 1 de enero, cientos de micros que llegan y parten, gente desorientada, yendo de un lado a otro, adivinando a cuál plataforma debe dirigirse. La línea de seis ventanillas del banco, con tan solo dos habilitadas, y el comentario infaltable: "Qué les cuesta poner otro cajero". El supermercado y la caja rápida de hasta 15 unidades, permanentemente vacía, mientras que en las otras se acumulan personas que a su vez acumulan mal humor. La sala de espera de los médicos (no todos), los sobreturnos y el escaso respeto (no todos) por el tiempo de los pacientes. El trámite para la obtención o renovación del documento, el peaje (sin pase), la entrada para el clásico, la salida del vuelo… ¿Que tienen en común todas estas escenas? Sí: las colas. ¿Cuánto tiempo pasa usted haciendo o haciendo hacer colas? ¿Alguna vez se lo ha preguntado? Las colas se encuentran tan indisolublemente ligadas a la vida urbana, que el management no podía dejar de ocuparse del asunto.

Fundada por el ingeniero danés Agner Krarup Erlang a principios del siglo XX, la "teoría de las colas" estudia matemáticamente las filas de espera.

El punto de partida de esta teoría es una sencilla observación: cuando un servicio se congestiona, aumenta la demora en satisfacer a los usuarios. Esto se considera como algo negativo. Entonces, hay que investigar las formas de evitarlo, para que el usuario no salga perjudicado. Una buena comprensión de la relación entre congestión y demora es la clave para asignar los recursos de modo tal que el tiempo de espera sea mínimo.

Imagínese que usted es el manager de un restaurante y desea minimizar la espera de los clientes. ¿Qué variables considerar? Más de las que imagina: las opciones de la carta, la sofisticación del menú, a qué hora llegan los comensales, si llegan todos "en malón" en un momento dado, o van entrando a intervalos regulares, cuánto tiempo pasan en el restaurante, quiénes se quedan más, las familias o los hombres de negocios, etc.

Todas estas variables se introducen en un sistema de ecuaciones con una cierta distribución de probabilidad. El resultado nos dirá cuál es la mejor forma de atender al cliente en base a los recursos disponibles como la cantidad de cocineros, camareros, mesas, productos de cocina y demás. Este tratamiento científico de las colas brinda consejos para optimizar el funcionamiento del restaurante: desde cuántos mozos contratar hasta qué clase de cafetera utilizar.

El resultado: un mejor servicio para el cliente. Lo mismo para casi todas las actividades de servicios. El interés por un manejo eficiente de las colas es una manifestación de la evolución de la estructura económica mundial. En nuestra economía postindustrial, el sector terciario representa cada vez una mayor porción del PBI global. En la actualidad, por ejemplo, tres de cada cuatro ingleses trabajan en los servicios.

El cambio en la estructura mundial exige nuevos métodos de administración. Desde la década de 1980, el service management ha venido ganando terreno hasta imponerse como la disciplina que se especializa en la gestión de actividades de servicios. El programa de Educación Ejecutiva de la Escuela de Negocios de Harvard cuenta con un curso que trata exclusivamente las problemáticas de las firmas del sector terciario. El titular del curso, Jay Lorsch, afirma que el objetivo es brindar a los alumnos las herramientas indispensables para un óptimo manejo de las empresas del rubro.

En este contexto debe insertarse la teoría de las colas. El crecimiento exponencial de las telecomunicaciones y la computación vuelven obsoletas muchas de las tradicionales técnicas de management, al tiempo que exigen un refinamiento de otras. De esta forma, la academia responde a los desafíos que se les presentan a las organizaciones.

Algo tan cotidiano como simple, el tiempo de espera, desalienta. Desalienta el uso, desalienta la compra, desalienta la fidelidad, desalienta la repetición.

Muchas cuestiones del ámbito empresarial no pueden resolverse fácilmente con modelos matemáticos; sin embargo, algunas otras cuestiones se pueden maximizar con solo aplicarlos. Aprovecharnos de ellos para asignar recursos eficientemente es casi una obligación y quizás un atajo que nos acerca a cuestiones más complejas. Tomemos ese atajo, no hagamos esperar a la motivación, la creatividad, la inspiración y la pasión.

El incentivo ferpecto

Rafael era un seductor y ambicioso vendedor de un department store madrileño. Durante años había luchado por llegar hasta la gerencia. Un buen día, llegó la oportunidad soñada. La tienda organizó una competencia para definir quién se quedaría con el codiciado puesto. La consigna era sencilla: "El que logre el mayor volumen de ventas esta semana será el nuevo gerente". ¿El resultado? Los vendedores no dudaron en emplear cuantos medios estuvieran a su alcance. Mentiras a los clientes, golpes bajos, competencia desleal... La escalada acabó con Rafael asesinando a su contrincante y una desopilante comedia de enredos para ocultar el crimen.

Así es como *Crimen Ferpecto*, del genial director Alex de la Iglesia, expresa la feroz rivalidad surgida de los sistemas de remuneración por incentivos. El tiempo en el que un empleado cobraba un salario fijo a fin de mes se encuentra cada vez más lejos. Hace ya varios años que los ingresos de los trabajadores corporativos dependen menos del salario de base y más de toda una serie de bonus y comisiones. ¿Cuán eficiente resulta este método?

En una encuesta realizada por *The Wall Street Journal* en junio de 2004, el 83% de las compañías con programas de pago por rendimiento afirmaron que estos solo eran relativamente exitosos o no estaban funcionando del todo. En el artículo "Goal Setting as a Motivator of Unethical Behavior",

Maurice Schweitzer, profesor de Operaciones y Management de la Información de Wharton, señala que la remuneración vía cumplimiento de metas suele incentivar al fraude. Por ejemplo, a principios de los '90, Sears, Roebuck & Co implementó ambiciosos objetivos para su departamento de reparación de automóviles. ¿El resultado? Para cumplir con las metas, los mecánicos realizaron reparaciones innecesarias en el 90% de los casos.

Otro ejemplo de incentivos perversos puede ocurrir en el esquema conocido como forced ranking. Imagine que su empresa tiene cien vendedores. Para incentivarlos, el directorio establece que, a fin de año, se armará un ranking de ventas. Quienes se ubiquen en los últimos diez lugares serán automáticamente despedidos. Esta es la aplicación del fear-factor hasta sus consecuencias más descarnadas. Tal vez sirva para eliminar a algunos empleados ineficientes de la empresa. Pero posiblemente engendre comportamientos maliciosos: desde la competencia más despiadada, hasta el hostigamiento, incluyendo amenazas y mobbing.

En su best-seller *The Cheating Culture* (2004), David Callahan señala que, a causa de esta clase de política, se ha instaurado una cultura del miedo en las corporaciones norteamericanas, donde la desconfianza entre colegas ha dado lugar a toda clase de fraudes y engaños. Callahan menciona el caso de empleados que no deseaban alejarse de sus computadoras por temor a que otros les robaran información. Entonces, ¿son ventajosos o perjudiciales los incentivos? ¿Pueden ser una buena práctica de corporate governance?

Sin lugar a dudas, pueden dar excelentes resultados si son correctamente diseñados e implementados, con una planificación seria y un claro liderazgo que los comunique y haga funcionar. Sin embargo, ningún incentivo remunerativo puede tener éxito si no reposa sobre incentivos morales. Sin este supuesto, el resultado se acercará a la tragedia de *Crimen Ferpecto*, es decir, atentará contra los objetivos organizacionales.

Los incentivos morales, más que en un listado taxativo sobre mejores prácticas, se constituyen sobre *hechos*. El trato que la empresa da a las personas; la aplicación de reglas de juego claras y transparentes; acciones concretas de protección o respeto del medio ambiente; el cumplimiento de las obligaciones legales y compromisos generales; la no discriminación, son solo algunas acciones concretas que van a describir el comportamiento ético de la empresa y orientar el de sus empleados. Solo cuando se cumpla esta condición, los incentivos remunerativos podrán desplegar todo su potencial, fomentando la eficiencia y la creatividad, así como la competencia en el buen sentido de la palabra.

Cuatro muchachos, una rubia y sus cuatro amigas

Los cuatro muchachos tomaban una gaseosa en el bar de la Universidad de Princeton. Súbitamente, se despertaron de su sopor. Una rubia despampanante llegó con cuatro amigas. A los muchachos se les iluminaron los ojos. Tal vez no sería una noche aburrida, después de todo. Cada cual peinó su jopo y preparó sus mejores armas de seducción. "No se apuren, amigos", los detuvo John Nash, quien sería Nobel de Economía en 1994, "si vamos todos sobre la rubia, ninguno se irá acompañado esta noche". Los muchachos lo miraron desconcertados. Nash prosiguió: "Si competimos por la rubia, nos estorbaremos. En el mejor de los casos, solo uno de nosotros se irá con ella. Pero si nos rechaza, también perderemos a sus amigas. A las mujeres no les gusta ser la segunda opción. Si vamos directo sobre las amigas es más probable que todos logremos nuestro objetivo". Dicho y hecho. La rubia se quedó sola en la barra mientras los muchachos bailaban con sus amigas. Así es como Nash expone su teoría de los juegos en el film *Una mente brillante.*

La teoría de los juegos es una rama de la matemática que estudia situaciones estratégicas donde los agentes eligen distintos cursos de acción para maximizar sus beneficios. La escuela de economía clásica fundada por Adam Smith sostenía que el mecanismo de la competencia hacía que siempre el mejor lograra su objetivo. El ejemplo de la rubia nos enseña que esto no siempre es verdad. En muchos casos, cuando todos buscan su propio interés, todos acaban perdiendo. Entonces, tal vez no sea mala idea cooperar. Si bien fue John Nash quien pasó a la posteridad como el padre de la teoría de los juegos en la década de los '50, los antecedentes se remontan hasta el economista francés del siglo XVIII Antoine Augustin Cournot y los profesores de Nash en Princeton John Von Neumann y Oskar Morgenstern.

La computación, la ética y la biología son algunas de las disciplinas donde se aplica el marco conceptual de la teoría de los juegos. En el campo del management es con frecuencia utilizada para analizar fenómenos tan disímiles como las negociaciones y las estructuras de mercado oligopólicas. En general, se inserta dentro del campo más amplio de la teoría de la decisión, esto es, cómo deciden los individuos y cómo pueden obtener resultados óptimos a partir de situaciones de incertidumbre, información imperfecta y alto riesgo. Es en este marco donde cobra relevancia la teoría de los juegos como un instrumento para analizar la forma en que se decide, así como una herramienta para optimizar el rendimiento. Raymond W. Smith, CEO de la telefónica Bell Atlantic, dijo allá por 1996: "En Bell Atlantic, notamos que las enseñanzas de la teoría de los juegos nos brinda una visión más amplia de nuestra situación y nos provee un mejor enfoque para el planeamiento corporativo".

Veamos un ejemplo. Usted es el CEO de una compañía que opera en un mercado oligopólico. Su objetivo es, desde luego, complacer a los accionistas maximizando los beneficios. Usted tiene el incentivo de reducir el precio de sus productos para "robar" market share a sus competidores. El mayor volumen de ventas podría más que compensar la caída en el precio por unidad. Sus beneficios se dispararían. Pero piénselo bien. ¿Cómo reaccionarían sus competidores ante su agresión? Tal vez lo imiten y se embarquen en una guerra de precios que destruya los beneficios de todos. Es posible entonces que piense en cooperar con sus "íntimos" competidores. Al controlar buena parte del mercado, podrían fijar un volumen de producción que maximice los beneficios a expensas del bolsillo de los consumidores. "Producimos menos y lo vendemos más caro". En este punto, la ley antitrust se convierte en un jugador imprescindible para equilibrar el marcador y desalentar esta poco feliz tentación.

En virtud de la oligopolización de los mercados mundiales durante el siglo XX, la teoría de los juegos ha tenido grandes desarrollos. En 2005, el Nobel de Economía lo recibieron los teóricos Thomas Schelling y Robert Aumann, quienes profundizaron en la senda de Nash.

La teoría de los juegos es el producto de un pensamiento de investigación académica que aporta un modelo de decisión eficiente aplicable al management. A diferencia de la teoría de las colas, la de juegos está muy cerca de cuestiones tan intangibles como la motivación, la creatividad y la pasión. Profundizar en ella y sus múltiples aplicaciones es una jugada con altísimas probabilidades de éxito.

¿Lo que no se ve, no tiene valor?

Eduardo hablaba con vehemencia y seguridad, tal como suele hacerlo cuando opina sobre economía, genética, comida o literatura. Era el turno de la ropa. Un amigo muy querido le había regalado una remera blanca Z para su cumpleaños. La tenía puesta ese día, un hermoso día de playa, por cierto. "Me encanta este regalo, solo que no entiendo para qué tiene la marca estampada con letras tan grandes; yo no tengo por qué promocionar esa marca, me hubiera gustado más si hubiese sido lisa. ¿O acaso Z me paga por usarla?" Enseguida subió la apuesta. "Alguien debería producir ropa de excelente calidad, y diseño, sin marca. Cuya distinción fuera el producto en sí mismo y no el logotipo que lo representa." Me vino a la memoria Villazón, un pequeño pueblo de Bolivia, limítrofe con La Quiaca, en Argentina. Llegar a ese pueblo, superado el puente que separa los dos países, es ingresar a un mundo paralelo. Un mundo donde los productos valen solamente por la marca que tienen estampada. No importa su calidad, su terminación, ni tan siquiera su autenticidad, importa solo su marca. Dos extremos, una misma cuestión. El valor del producto o el valor de lo que ese producto encierra. Un sujeto o un sujeto tácito: el valor de lo intangible.

En un artículo de la Escuela de Negocios de Stanford publicado en febrero de 2006, el profesor Seenu Srinivasan señala que existen muchos productos gemelos en sus características físicas. Sin embargo, uno de ellos se vende a precios muy superiores al del otro. El valor depende cada vez más de la marca, de lo intangible.

Pero, exactamente, ¿cuánto? ¿Es posible poner un precio al éter?

Junto con profesores de la Universidad de Corea, Srinivasan desarrolló un modelo matemático para medir cuánto aporta la marca al valor del producto. En la determinación de las ecuaciones, el estudio se basa principalmente en tres factores: la brand awareness (qué tan bien recuerda el público la marca), la percepción de los consumidores respecto de la marca, y la preferencia por las marcas posicionadas como sellos de distinción.

Con estos elementos en mente, Srinivasan estimó que la división de teléfonos celulares de Samsung, por ejemplo, obtiene ingresos anuales por 127 millones de dólares en el mercado coreano exclusivamente gracias a su imagen de marca. En otras palabras, si los celulares de Samsung no tuvieran una marca diferenciada, los ingresos de la compañía serían 127 millones de dólares más bajos.

Por otro lado, la investigación de Stanford concluyó que la brand awareness es el principal factor que impulsa las ventas de un producto de marca. Entonces, aconsejan, si usted es gerente de Marketing, priorice las inversiones para difundir el conocimiento de la marca entre los consumidores. De esta forma, el modelo de Srinivasan brinda poderosas herramientas para el marketing estratégico. Sus ecuaciones permiten elaborar distintos escenarios para comparar el rendimiento de los distintos usos posibles de los fondos asignados al departamento de Marketing. Por ejemplo, imagine que una agencia de publicidad le ofrece aumentar su brand awareness en un x% a cambio de Y dólares. ¿Cuán rentable es el trato? Esta es la clase de problemas que el modelo de Stanford apunta a resolver. El sistema de ecuaciones indica cómo se traduce en los balances ese x% de incremento del brand awareness.

Sin embargo, ¿hasta dónde son fiables las estimaciones?

Como todas las primeras aproximaciones a un nuevo campo de estudio, el modelo de Stanford posiblemente no esté exento de imprecisiones. Sin embargo, su verdadero valor es otro. El hecho de que en las principales escuelas de negocios del mundo se estén destinando fondos a la elaboración de modelos de evaluación de intangibles es la mejor muestra del rumbo que van tomando los negocios globales.

En la era de lo virtual, del conocimiento y del funky business, lo intangible es la base de las ventajas competitivas. Esta creencia flota en el aire desde hace algunos años. Ahora, está llegando el momento de medirla y consolidarla con herramientas científicas.

Cuando 1+1 es igual a 3

A sus cuarenta años, Ester Sevins sentía un cosquilleo en el estómago típico de un adolescente próximo a dar un examen. Era el pináculo de su carrera como CEO. Estaba a punto de anunciar a la prensa la megafusión de su corporación de electrónica con un gigantesco proveedor de servicios de Internet. Respiró profundo y salió al escenario. Las luces de los flashes la enceguecieron y achinaron sus bellos ojos. Ester estrechó sonriente la mano del CEO de la otra compañía y anunció: "Señores, con esta operación nace la mayor corporación mundial en electrónica e Internet. Hoy, se abre una nueva página en la historia de los negocios".

Sin dudas, las fusiones corporativas son el espectáculo más pintoresco que nos ofrece el mundo de los negocios, tanto por la pompa de los anuncios como por las incalculables cantidades de dinero que mueven. Incluso, suelen aparecer en la tapa de los principales diarios del mundo. En 1999, la merger entre AT&T y TCI movió 48 mil millones de dólares. Ese mismo año, la operación entre Exxon y Mobil implicó 81 mil millones. En 2000, AOL y Time-Warner se fusionaron por la friolera de 165 mil millones. Pero, ¿qué se oculta detrás de las cifras espectaculares y las declaraciones altisonantes? ¿Qué buscan las compañías cuando se fusionan? ¿Alcanzan siempre sus objetivos?

Las fusiones empresarias se basan en la lógica de la sinergia, el principio de que 1 + 1 = 3. ¿Qué significa eso? Que la nueva empresa, surgida de la unión de las dos anteriores, tiene un mayor potencial de obtener beneficios. En efecto, la nueva megacorporación intentará recortar miles de puestos de trabajo en las áreas de contabilidad y marketing para reducir costos. Al aumentar el tamaño de la empresa, buscará producir de una manera más eficiente, aprovechando economías de escala y negociando en mejores condiciones con los proveedores. Desde un punto de vista estratégico, dos empresas pueden fusionarse para complementar sus potenciales. Por ejemplo, Time-Warner quería el know-how y la estructura de Internet de AOL. AOL buscaba la capacidad de producir contenidos de Time-Warner. Por último, la fusión puede mejorar el acceso a los mercados, combinando las estrategias publicitarias y los canales de distribución de las dos viejas compañías.

Esos son los beneficios latentes de las sinergias. Por separado, las dos empresas ganaban 100 cada una. Juntas, pueden ganar 300. Una fusión no es una suma, es una potencia. Siguiendo esta línea argumental, pareciera que las fusiones son negocios redondos. Pero, ¿es tan sencillo? ¿Por qué algunas han tenido pésimos resultados? Sin dudas, las sinergias son mucho más sencillas de describir en la teoría que de aplicar en la práctica. En efecto, no se trata solo de integrar los sistemas informáticos, bajar el precio de los insumos y unir algunos departamentos. Las fusiones son fenómenos muy complejos que afectan profundamente la vida de los empleados, accionistas, consumidores y proveedores.

En su publicación "How to Ruin a Merger", Kristen Donahue, profesora de la Harvard Business School, señala que la mayoría de las fusiones fracasan en incrementar el valor de la empresa y buena parte de las compañías acaban funcionando a un nivel de rentabilidad inferior al de sus competidores. Los malos resultados suelen deberse a la carencia de un fuerte liderazgo que guíe un proceso tan complejo. Otro problema es que para reducir costos se acaba expulsando a muchos de los empleados más capacitados y se genera un incentivo perverso para determinar quién se va y quién se queda. Imagínese los pasillos de Compaq tras la merger con Hewlett-Packard. Empleados vaciando sus oficinas, otros rezando por no ser despedidos, dos gerentes discutiendo quién se queda con la oficina más grande. Material suficiente para escribir una tragicomedia. Tal vez el factor que mejor explique los resultados indeseables sea la falta de previsión. En otros casos, las fusiones se realizan menos por conveniencia económica corporativa que por el deseo de gloria del CEO, quien hace lobby para cerrar el trato y reservarse un lugar en la historia de los negocios (además de un jugosísimo bonus salarial).

El artículo "Why Mergers Fail", de la prestigiosa revista de negocios *McKinsey*, sostiene que muchas fusiones desperdician su potencial de crecimiento al concentrarse exclusivamente en las sinergias para reducir costos antes que en la estrategia posfusión. Es cierto: en el corto plazo, la reducción de costos es sin dudas el principal incentivo para una merger. Pero, a lo sumo, sus efectos benéficos serán circunstanciales. En el largo plazo, una fusión será exitosa si puede ofrecer más y mejores servicios a los clientes, y mejores desarrollos de carrera a los empleados. Y esto puede lograrse mediante la retención de los talentos, la motivación y el liderazgo. Si no, tal vez la ecuación se revierta, la nueva página anunciada por Ester sea una página en blanco y en lugar de sumar 3, se encontrará con que 1 + 1 = 1,5.

El eterno conflicto entre precio y valor

Durante la década de 1990, el Exxel Group adquirió las heladerías Freddo en 82 millones de dólares, Musimundo en más de 200 millones, pagó 630 millones por Casa Tía y 10 millones más por Paula Cahen D'Anvers. Perez Companc, a su vez, desembolsó 400 millones por el 60% de Molinos. Y nuestras adquisiciones locales son apenas migajas en comparación con las cifras que se mueven en las operaciones internacionales. Por ejemplo, en 2005, Procter & Gamble compró Gillette por la friolera de 54 mil millones de dólares. En medio de esta danza de billetes, se impone una serie de preguntas: ¿cómo se mide el valor de una compañía? ¿Cómo calcular el precio de una corporación con miles de empleados, oficinas y activos físicos diseminados por los cuatro rincones de la Tierra? ¿Cómo evaluar los intangibles? Este es uno de los grandes dilemas de las finanzas corporativas, un problema que ha recobrado interés en los últimos años debido a la ola de megafusiones globales. ¿Puede utilizarse el método del "valor contable" como guía confiable para tasar una corporación? Veamos…

Estamos en 1997. Usted es el fundador de una pequeña puntocom. Entre sus activos físicos cuenta con una oficina y un par de docenas de computadoras. El patrimonio neto tal vez ascienda, con suerte, a un millón de dólares. Un buen día, un banco de inversión le ofrece exactamente esa suma por la empresa. ¿Qué hace usted? Medítelo bien. Es cierto, su compañía es pequeña y sus ingresos son exiguos. Un millón en efectivo suena muy tentador. Sin embargo, la empresa ha desarrollado una página web que cada día recibe más visitas, con muchas dificultades ha conseguido armar un equipo de trabajo capaz y motivado. Usted ha logrado posicionarse en un segmento de mercado con potencial incalculable. Ahora, piénselo de nuevo con esta perspectiva… ¿Usted vendería?

Este sencillo ejemplo nos muestra la insuficiencia del criterio contable para estimar el valor de una compañía. Tanto o más importantes que las máquinas y los edificios son las expectativas de ganancias futuras. Es decir, si usted ha decidido no vender su puntocom al banco de inversión, es porque estima que, en el futuro, generará un cashflow muy superior al dinero que le están ofreciendo. Sin embargo, ¿cómo pueden preverse los beneficios futuros? Con tantas posibles contingencias, ¿cómo estimar, siquiera aproximadamente, lo que una empresa ganará en los próximos diez años? ¿Qué tasa de descuento utilizar? ¿Cómo incluir en el cálculo los posibles movimientos estratégicos de los competidores, las fluctuaciones económicas, los cambios en los gustos de los consumidores, etcétera, etcétera, etcétera?

Esta tarea roza lo imposible para un hombre. Sin embargo, para las firmas que cotizan en Bolsa, el indicador market capitalization determina el valor en dólares a precio corriente de todas las acciones de la empresa. ¿Qué significa esto? Por ejemplo, si usted quisiera comprar todas las acciones de Google, en octubre de 2005 habría tenido que desembolsar unos 82.000 millones de dólares. Esto es lo que teóricamente gastaría en comprar todas las acciones a valor de mercado a cada uno de sus tenedores. Mientras tanto, en junio de 2005, la misma empresa declaró un patrimonio neto de "apenas" unos 4.000 millones. ¿Cómo se explican los 78.000 millones de diferencia? ¿Por qué el mercado cree que Google vale 78.000 millones más de lo que indican sus libros? Allí está incluido precisamente todo lo que hace de esta empresa una de las líderes de Internet: el valor de la marca, el buscador más utilizado del mundo, la maravilla satelital del Google Earth, el servicio de correo electrónico Gmail, el poderoso rastreador de noticias Google News… Si usted compra Google, también se convierte en el dueño de un formidable know-how tecnológico y organizativo, de un equipo de trabajo capacitado y motivado, del posicionamiento estratégico de la compañía. Y la lista sigue…

Todo esto es el fondo de comercio o goodwill de una empresa. Y justamente, no aparece en los balances, lo que explica la diferencia entre el valor contable y el valor de mercado. En el intangible universo de la economía del conocimiento, estos factores son los verdaderos determinantes del valor de una corporación. Como se dice en un informe de la consultora internacional Mercer: "La valuación en la nueva economía requiere pensar más allá de las normas tradicionales de análisis financiero". Una compañía es su gente, su reputación, su marca, su posición estratégica, no sus máquinas. La maquinaria se vuelve obsoleta al poco tiempo. El capital humano es una fuente casi inagotable de valor.

Cuidado, tu basura te delata

Entre las filas de cartoneros que revisaban la basura de aquel barrio acomodado, había uno muy singular. A diferencia del resto, Mariano iba de traje y corbata. Con mucho cuidado, anotaba en una libreta los desechos que iba recogiendo y los clasificaba en distintas categorías. El resto de los cartoneros lo miraban con asombro por los guantes de látex que cubrían sus uñas manicuradas. ¿Quién era este insólito personaje?

Nada menos que un ejecutivo de marketing de una importante corporación de consumo masivo. A diferencia del resto, él no saldría a vender los cartones, sino que aplicaría la información recogida a realizar minuciosos exámenes para determinar el comportamiento de las familias de aquel barrio.

La basurología (o *garbology*, en inglés) es una técnica de investigación de mercado habitual en nuestros tiempos. En sus principios, esta disciplina nació en estrecha relación con la arqueología y la antropología, con el objetivo de estudiar la vida de antiguas civilizaciones a través del análisis de sus desechos. Su precursor fue el profesor William Rathje, quien a principios de los '70 lanzó el Garbage Project en la Universidad de Arizona.

Los departamentos de marketing no tardaron en descubrir en esta disciplina una gran herramienta para fortalecer sus investigaciones de mercado. Pero, ¿qué necesidad hay de revolver la basura de la gente para averiguar qué consume? ¿No alcanza con las tradicionales encuestas?

Aquí hay una sencilla respuesta: "La basura no miente". En encuestas, las personas pueden dar respuestas falsas, pero la basurología es inmune a este déficit del marketing tradicional. A no ser que usted elija llevar personalmente sus desechos al basurero, siempre quedará expuesto al "marketing basurológico". En principio, este pretende alcanzar resultados similares a los de las investigaciones tradicionales: ¿qué consumen los habitantes de cierta área y nivel socioeconómico? ¿Qué productos? ¿Qué marcas?

¿Cómo se desarrolla una investigación "basurológica"?

En primer lugar, se clasifican las áreas por nivel socioeconómico y cualquier otra variable que pueda resultar relevante para los objetivos de la investigación. Luego, se envía a la gente a realizar el "trabajo sucio" de recoger la basura en las áreas previstas. Finalmente, se clasifican los desechos para construir patrones de consumo. Así, a través de un adecuado análisis, se puede responder a una serie de preguntas: ¿qué consumen las familias del barrio? ¿Primeras o segundas marcas? ¿Qué días consumen más? Por ejemplo, no debería ser sorprendente que a principios de mes, los tachos de basura tengan más residuos (y tal vez, más residuos de primeras marcas).

Si bien las empresas pueden extraer importantes datos de la basurología, al mismo tiempo su práctica puede dar lugar a abusos y violaciones de intimidad. La basura revela mucho de la gente que la produce.

Es cierto, como aclara Noelia Fenández, que la basura es algo que se tiró y por lo tanto deja de ser propiedad de quien se deshizo de ella, sin embargo se está utilizando dicha basura para conocer información privada de personas, y esa información (que hace a su intimidad) siempre será de su propiedad. Cuando se deja de pensar en términos de hábitos de consumo de un determinado segmento de mercado y se comienza a pensar en términos de lo que consume el señor o la señora de la puerta 15 del piso 24 de la calle Muñecas 3241 de San Miguel de Tucumán, la cosa cambia. ¿Qué remedios toma? ¿Con qué frecuencia? ¿Cada cuánto tiempo mantiene relaciones sexuales? ¿Usa o no preservativos? ¿Consume bebidas alcohólicas? ¿De qué tipo y cuánto? Sí, da miedo.

Para poder construir una base de datos con información sobre un segmento de mercado, esta técnica se basa en la suma de las observaciones individuales, o sea, de individuos con nombre, apellido, dirección y seguramente teléfono.

El lado negativo: ¿sospecha que un empleado está bajando su rendimiento porque está bebiendo de más? ¿No se le ocurrió enviar un "basurólogo" para que investigue sus hábitos? Si encuentra todos los días una botella de whisky en su basura, tal vez tenga la respuesta que busca.

En estos tiempos, el acceso a los correos electrónicos de jueces, políticos y periodistas impulsó el estudio por parte del Estado de mecanismos para prevenir, detectar y sancionar esas violaciones a la intimidad de las personas. Existe la posibilidad de que con técnicas menos sofisticadas, con herramientas tan elementales como unos guantes de látex, también se obtenga información privada de las personas. Solo la ley y el Estado pueden garantizar un marco de actuación que regule este tipo de acciones e impida que la basura de cientos de hogares sea la puerta de entrada a su más preciada privacidad.

El alto precio de bajar los costos

El outsourcing es la transferencia de ciertas operaciones desde el corazón de la empresa hacia un tercero, con el objetivo de reducir costos y concentrar todas las energías en el core business. A partir de la década de 1990, muchas firmas internacionales comenzaron a tercerizar una gama de actividades cada vez más amplia: desde la atención al cliente hasta la fabricación de los productos. Las mejoras tecnológicas en comunicaciones permitieron expandir el fenómeno a escala planetaria. Desde entonces, se pueden tomar decisiones en Nueva York, dar órdenes de producción a un fabricante de Kuala Lumpur y atender a los clientes desde Bombay o Buenos Aires.

Posiblemente, la estrella del outsourcing mundial sea el fabricante de computadoras Dell. ¿Alguna vez se preguntó cómo hace para vender laptops a 600 dólares? Necesariamente, debe de tener unos costos bajísimos. Y el modelo que ha encontrado para lograrlo es llevar el outsourcing hasta sus últimas consecuencias. Dell tiene tercerizada casi la totalidad de su servicio de atención al cliente en países con bajos salarios como India, Pakistán y algunas naciones latinoamericanas (entre ellas, la Argentina). Incluso, la compañía ha tercerizado la fabricación de sus productos, tras el desarrollo de eficaces mecanismos de coordinación entre decenas de fábricas en diversos países, que no son propiedad de la empresa. Veamos algunas cifras...

Según la prestigiosa revista *Business Week*, 23.800 de los 46.000 empleados que Dell tenía en el momento de la publicación estaban radicados fuera de los Estados Unidos. Es decir, la firma tiene más empleados en el exterior que en su país de origen. Y la brecha tiende a agrandarse. De los 7.000 puestos de trabajo creados en 2003, solo 1.000 estaban en territorio estadounidense. ¿Usted ha comprado una notebook Dell? Fíjese si no dice "made in Malaysia", porque allí está radicada la empresa a la que Dell paga para fabricarlas.

En definitiva, más que una empresa tradicional, Dell es una marca que unifica toda una estructura de otras empresas que fabrican sus productos. El outsourcing, sin dudas, es una herramienta fundamental para reducir costos y precios al consumidor. Pero en nuestros tiempos, la competencia no es solo vía precio sino también vía diferenciación y atención. Un producto barato es más atractivo cuando está respaldado por una marca. Dell lo ha comprendido perfectamente. Muchos clientes comenzaron a protestar furiosos por la pésima atención que recibían en los servicios de India y Pakistán: "No les entiendo lo que hablan", "Me tratan groseramente"...

¿Qué hizo Dell? Si bien representaba un aumento de costos en el corto plazo, repatrió algunos call centers a los Estados Unidos. En efecto, el outsourcing puede tener sensacionales efectos en la reducción de costos. Pero ninguna ventaja competitiva puede sostenerse exclusivamente sobre este factor. En el largo plazo, lo que importa es el valor que genera la empresa por medio de la fidelización de clientes a través de la calidad, el servicio y el compromiso de sus empleados. Si el frenesí del outsourcing sin consideración de la calidad acaba destruyendo la reputación de la empresa, ya no habrá notebooks a 600 dólares que puedan salvarla.

De qué hablamos cuando hablamos de fidelidad

El mito de Don Juan fue inmortalizado por José Zorrilla en su obra *Don Juan Tenorio,* de 1844. El seductor en esencia pura: romántico, canalla, irresistible. Capaz de cualquier locura por conseguir el favor de una mujer, pero una vez que la ha conquistado, pierde el interés y centra su atención en otra. No es que no ame, es que lo hace a su manera; desde luego, nunca cumpliendo sus promesas.

La infidelidad es el cumplimiento de un compromiso. En referencia a la pareja humana, la describe el acto de mantener relaciones sexuales o románticas por fuera de un compromiso. Según la enciclopedia digital Wikipedia, en más del 50% de las parejas humanas uno de los dos comete adulterio alguna vez (ya lo decía Freud: "Todos somos polígamos reprimidos").

En el ámbito de los negocios, la retención de los clientes es un objetivo clave para cualquier empresa. Travelpass, Serviclub, programas de millaje de las aerolíneas, puntos en supermercados… El consumidor leal puede escoger entre una amplia gama de premios como pasajes, libros, días de spa, cenas y hasta vacaciones en el exterior.

La lógica de los programas de fidelización se inscribe dentro del lema fundamental del marketing relacional: un cliente fiel es más rentable que uno nuevo. En efecto, el establecimiento de relaciones de largo plazo con los consumidores le otorga a la empresa, entre otras ventajas, fuertes ahorros en sus presupuestos publicitarios. Sin embargo, como lo demuestra el caso del fallido Travelpass, muchas de estas iniciativas acabaron en el fracaso. ¿Por qué?

Según la investigación de Accenture *Find and Keep the Customers you Want*, publicada en enero de 2006, muchas empresas no captaron correctamente el mensaje del marketing relacional y se apresuraron a lanzar programas de fidelización sin una adecuada preparación. Si uno no sabe quiénes son los clientes ni qué quieren, hasta la más ambiciosa campaña de lealtad solo tendrá resultados erráticos. En otras palabras, ¿todos los clientes se fidelizan de la misma manera? ¿Todos los clientes son fidelizables para cualquier empresa?

En realidad, advierte el estudio de Accenture, recién ahora las firmas líderes están comprendiendo que las campañas de fidelización deben orientarse a segmentos específicos, a clientes rentables con buenas chances de volver.

Un programa de fidelización exitoso necesita el conocimiento profundo de los distintos tipos de clientes y segmentaciones muy precisas. Solo así puede saberse lo que los clientes quieren y ofrecérselo. Solo así una empresa puede construir una verdadera relación de largo plazo con los consumidores.

Una fidelización efectiva requiere la aplicación de sofisticadas herramientas de marketing y habilidades analíticas para controlar constantemente los resultados de las campañas y las reacciones de los consumidores en mercados siempre fluctuantes.

Sin embargo, esto tampoco es suficiente. Para establecer una relación de largo plazo con los consumidores no basta con darles una tarjeta de pertenencia al programa ni con enviarles mensualmente un folleto con "sensacionales ofertas". Creer esto es subestimar al público. La verdadera fidelización solo puede llegar a través de un compromiso continuo con la mejora del servicio, con productos innovadores y atrevidos y una buena atención posventa. Desde ya, los consumidores no son polígamos reprimidos; son, peor, polígamos a secas. Para detener su donjuanismo, buenos son los incentivos; pero tienen que ser duraderos.

Los empleados no tardarán en tratar a los clientes como la empresa los trata a ellos

Julieta observaba atónita la escena. Jamás había visto a Adolfo, su padre, tan ofuscado. Cuando colgó el teléfono, una huella de indignación e impotencia atravesaba su rostro: otra vez el chico del call center había podido con él. Otra vez, 30 minutos perdidos. Adolfo se preparó para el octavo intento… ¿Por qué le hacían la vida imposible? Solo quería pasar la línea de uno de sus teléfonos celulares al sistema de tarjeta prepaga.

Encaró el nuevo llamado con los nervios típicos de las situaciones extremas. Esta vez, había previsto todas las preguntas y ensayado todas las respuestas. Fue superando una a una las barreras. Pero nunca se imaginó que sus doce años de antigüedad como cliente de la empresa jugarían también en su contra. La respuesta al octavo intento fue: "Señor, su plataforma tecnológica es muy antigua, no podemos satisfacer su pedido". Adolfo lo sufrió como un ataque personal. ¿Cómo remontar la situación? ¿Defensa del consumidor? ¿Ente regulador de telecomunicaciones? ¿Baja definitiva?

El customer service consiste en una serie de comportamientos que las corporaciones llevan a cabo en sus interacciones con los consumidores. La noción de "servicio al cliente" comenzó a ganar terreno en los Estados Unidos en la década de los '80 hasta convertirse en un fenómeno mundial de toda empresa que se pretenda exitosa. En 1985, Karl Albrecht y Ron Zemke advirtieron, en su best-seller *Service America!*, que vivimos en una economía de los servicios. La diferenciación de los productos físicos se sustenta cada vez más en la calidad del servicio que los acompaña. Hoy, todo producto es un servicio para el cliente.

Y si usted quiere clientes leales, de aquellos que vuelven una y otra vez, tal vez sea mejor que se preocupe tanto por el producto físico como por la forma en que los atiende. Si no, piense: ¿cómo hace una persona para juzgar una compañía? La única información con la que cuenta es la publicidad, el producto adquirido y el contacto con los empleados que lo atienden. Hasta la publicidad más seductora y el producto más perfecto caen en saco roto cuando el customer service es deficiente.

Esta sencilla observación hizo famoso al gurú del management Tom Peters. El cliente se forma un juicio subjetivo sobre la compañía en base a la atención que recibe de los empleados que entran en contacto directo con él. Si la atención es mala, olvídese. El cliente ya no volverá. Por eso, Peters propone invertir la pirámide organizativa. No hay que preocuparse solo por los grandes lineamientos estratégicos del directorio. También es necesario concentrar esfuerzos en capacitar y motivar a los trabajadores que están en contacto diario con los clientes. De ellos depende que el consumidor vuelva. Basta con que tan solo un empleado trate mal a un cliente para que este difunda el rumor y disuada a todos sus conocidos de comprarle a esa empresa. Si usted desprecia al cliente, él lo despreciará a usted.

Ron Zemke afirma que la base para una buena relación con los consumidores reposa en una comunicación frecuente, la apertura mental, la calidez en el trato, la verdad y la confianza. Pero estas no son técnicas que puedan aplicarse por la fuerza. Un viejo adagio de los negocios reza: "Los empleados no tardarán en tratar a los clientes de la misma forma en que la empresa los trata a ellos". Si usted quiere que sus clientes sean bien atendidos, motive a sus empleados, hágalos sentir bien en su puesto y ellos harán sentir bien a los clientes. Y cuando tal cosa suceda, los clientes no solo volverán, sino que traerán a sus conocidos. Al revés, desprecie a sus empleados, y se desquitarán con los clientes. Esta es la receta de Tom Peters: "La fórmula mágica que descubrieron los negocios exitosos consiste en tratar a los clientes como huéspedes y a los empleados como personas".

Pero la recomendación solo cubre una parte del fenómeno. Los tiempos cambian velozmente y nuevos modos de hacer negocios se imponen. La creatividad, lo intangible, lo cualitativo, el servicio… Esos son los nuevos factores del éxito. Y el customer service es apenas un aspecto del nuevo paradigma. No es suficiente tratar bien a empleados y clientes con la única mira de obtener beneficios. El customer service no es una serie de técnicas que pueden aplicarse aisladamente sino parte de un modelo que exige una transición hacia una nueva cultura corporativa, una cultura audaz e innovadora, que considere a empleados y clientes como el alma de la compañía, generadora de valor en el largo plazo.

El arte de lograr un cliente para toda la vida

Un cliente satisfecho es un cliente que regresa. Por sencilla que suene, esta idea recién ha sido sistematizada por la ciencia económica en los últimos años, y ha dado nacimiento al relationship marketing o marketing relacional, una novedosa forma de encarar las relaciones entre firma y cliente. Según la American Marketing Association, el marketing es "una función organizativa y un conjunto de procesos para crear, comunicar y entregar valor a los clientes, así como manejar las relaciones con ellos de manera tal que beneficie a la organización y sus accionistas". Durante muchos años, las empresas se basaron solo en la primera mitad de la fórmula. Es decir, crear nuevos productos y publicitarlos para diferenciarlos y colocarlos en un nicho de mercado. ¿Quién no ha oído hablar de las famosas "cuatro P" del marketing tradicional?: Producto, Precio, Promoción y Plaza.

No hay nada de malo en esto. Sin embargo, como estrategia global, resulta incompleta. El marketing tradicional se basa en una mentalidad de single transaction (transacción única). La empresa crea un producto, el cliente ve la publicidad, le gusta el artículo, le parece razonable el precio y realiza la compra. Fin de la historia. Esta visión ha guiado a las firmas durante mucho tiempo. Hasta que en 1980 Benjamin Schneider, profesor de Psicología de la Universidad de Maryland, realizó una sencilla pero revolucionaria observación: "Es sorprendente que los hombres de negocios se concentren mucho más en cómo atraer clientes a sus productos que en pensar cómo retenerlos". Esta idea marca el nacimiento del marketing relacional. En 1999, en *Total Relationship Marketing*, Evert Gummesson sistematizó el novedoso enfoque y enfrentó a las tradicionales "cuatro P" con el nuevo marketing. "Piense en los millones que cuesta una campaña publicitaria. ¿No es una pena gastar tanto dinero en vender un solo producto en una sola transacción? ¿No sería mejor aprovechar semejante inversión para comenzar a establecer una relación de largo plazo con unos clientes satisfechos que vuelvan una y otra vez?".

En su investigación "Zero defections: Quality Comes to Services" (1990), Reichheld y Sasser, profesores del MBA de Harvard, señalaron que un 5% de aumento en la retención de clientes puede generar un incremento de entre el 25 y el 85% en la rentabilidad. Hay varios motivos que explican el fenómeno. El principal, que el costo de adquisición de un nuevo cliente ocurre solo al principio de la relación. Entonces, mientras más larga sea esta, más se amortizará. Por otro lado, un cliente de largo plazo suele ser menos sensible a aumentos moderados de precio. Si usted lo ha dejado satisfecho en el pasado, posiblemente esté dispuesto a pagar un poco más por su servicio, lo que reduce la competencia vía precio con otras empresas. Además, un cliente satisfecho puede iniciar una campaña publicitaria gratuita de "boca a boca".

Las ventajas del marketing relacional son claras. Pero, ¿cómo se instrumenta en la práctica? El relationship marketing no es una simple colección de técnicas para lograr la fidelidad del cliente. Como señalan Christopher, Payne y Ballantyne en un estudio de la Cranfield Graduate School of Management, se requiere una síntesis entre calidad de producto, servicio al cliente y marketing tradicional. Toda la empresa debe comprometerse en una relación de largo plazo: desde el ingeniero que crea los productos hasta el recepcionista. Los fuertes incrementos en la rentabilidad por la aplicación del marketing relacional requieren un compromiso total. Es decir, solo puede lograrse el objetivo si se deja de considerar al marketing como un departamento aislado y se lo convierte en un modo de vida corporativo, una filosofía de negocios que sabe que toda empresa se vincula con clientes que no son números en una computadora, sino personas de carne y hueso. Tampoco se trata solo de sonreírles y enviarles un regalo en Navidad. Construir una relación de confianza requiere un plan meditado y coherente. Es necesario crear una base de datos con información personalizada sobre gustos y preferencias de los nuevos clientes. Luego, hay que llevar a cabo programas que apunten a lograr su lealtad. Por ejemplo, a los más interesados en el precio conviene tentarlos con descuentos. También es recomendable satisfacer las demandas de quienes deseen comprar un producto personalizado. ¿Por ejemplo?: un automóvil con tapizado de leopardo. Si bien esto puede resultar costoso en el corto plazo, los resultados de largo plazo lo justifican.

El difícil arte de ponerle precio al arte

Mi amigo Ariel Benzacar, tan elegante como excéntrico, enfundado en su traje de jean corte Dolce & Gabbana, se esforzaba por fundamentar el precio de un cuadro de Liliana Porter. Agotados los argumentos artísticos, y viendo que sus interlocutores habían quedado a mitad de camino entre la fascinación y la incredulidad, echó mano a la historia.

"Van Gogh –arrancó Ariel con tono firme– había atravesado una existencia de miseria mientras intentaba triunfar como pintor. Se dice que solo vendió un cuadro en su vida. En julio de 1890, se pegó un tiro en medio de un ataque de locura. Tras su muerte, dejó unas 2.000 obras. Sin embargo, el siglo XX convirtió a este fracasado espectacular en un icono de la cultura global. En 1990, su 'Retrato del doctor Gadget' (uno de los médicos que lo atendieron en sus últimos días) se vendió en 82,5 millones de dólares."

Ariel nos indujo a pensar en uno de los mercados que bien podría etiquetarse como de los más peculiares sobre la Tierra: el mercado del arte, donde los bienes que se transan no son producidos por hombres de negocios sino por realizadores de ideales estéticos.

Más allá de que muchos artistas jamás se han preocupado por el éxito comercial, algunos hombres acaudalados sí se han preocupado por rodearse de artistas y por coleccionar sus obras. La familia banquera de los Medici fue mecenas de los mejores artistas de la Florencia renacentista, entre ellos los geniales Donatello y Miguel Ángel. Más cerca en el tiempo, Andrew Carnegie, Andrew Mellon, Jean-Paul Getty y Bill Gates son apenas algunos ejemplos de magnates que invirtieron millones en la formación de importantes colecciones privadas.

Según un reciente estudio de *Euromoney*, el arte mueve hoy unos 30 mil millones de dólares anuales. Y cada vez más gente está optando por la compra de obras como posible variante dentro de su estrategia de portafolio. De acuerdo con el informe "Art Market Trends 2004", el mercado artístico es considerablemente más estable que la Bolsa y mucho menos sensible a crisis económicas y políticas. Tras los atentados del 11 de septiembre de 2001, mientras un verdadero terremoto sacudía a las bolsas mundiales, las cotizaciones de las obras de arte apenas se resintieron.

Históricamente, ciertas características del mercado lo volvían difícil para no entendidos. La abundancia de falsificaciones es un primer factor que aleja a potenciales inversores. El pintor húngaro Elmyr de Hory, tal vez uno de los más célebres falsificadores del siglo XX, a lo largo de su vida vendió decenas de copias de Picasso, Matisse y Renoir, entre otros. En este mercado, hay que saber para comprar. En caso contrario, uno queda expuesto a las estafas.

Por otro lado, las dificultades intrínsecas a la tasación de las obras son otro factor a considerar. Nadie sabe a ciencia cierta cómo se establecen los precios. Aquí no hay costos de insumos que valgan. Es difícil comprender cómo algunos cuadros pueden venderse en cifras millonarias.

Sin embargo, ciertos cambios de los últimos tiempos han estado modificando el mercado tradicional. El sitio www.artprice.com ofrece un servicio de cotización de obras. Cualquier pintor puede enviar, vía Internet, las características de la obra que realiza. Un equipo de especialistas la analizan y le dicen cuánto vale y en qué mercado podría venderla. Este website ofrece además un servicio de información de mercado. Por ejemplo, ¿cuál es la evolución de la cotización de las obras impresionistas en los últimos dos años? ¿Qué perspectivas hay para la venta de fotografías? Un verdadero Bloomberg artístico.

En la misma línea, el website www.picassomio.com exhibe unas 20.000 obras de artistas de más de 80 países. El comprador puede ingresar y buscar en la amplia base de datos con parámetros como técnica, tema, tamaño y precio.

Es cierto, las nuevas tecnologías están brindando más y mejores herramientas para los inversores en arte, al tiempo que mejoran los controles sobre la falsificación. Sin embargo, el valor justo de una obra, lo que los especialistas llaman el fair market value, seguirá dependiendo de la combinación de varios factores: trayectoria del artista, autenticidad, tema, medio, estado, tamaño, historia, estilo, fecha, rareza y calidad. En esta última cuestión está encerrado el aspecto más subjetivo, porque la calidad es una opinión, aunque una opinión compartida por muchos (¿entendidos?).

Tal vez en el futuro, el arte habrá dejado de ser un mercado solo para pocos. Tal vez tampoco deberíamos esperar que se elimine totalmente el "misterio" del valor; de hecho, por qué habríamos de hacerlo, si el mismo misterio es el que rige el valor de muchas de las acciones que cotizan en la Bolsa de Nueva York.

En negociación, el "no" ya lo tienes

Aquel domingo, Vladimir había decidido pasar la tarde en el parque con su hija Lenina. Quería enseñarle a remontar un barrilete y mostrarle que, tal como lo había hecho él en su infancia, también es posible divertirse sin videojuegos, Internet ni DVDs. El sol empezaba a caer sobre el horizonte cuando, de pronto, oyeron: "¡Heladooo! ¡Palito, bombón, heladooo!". "Papi, ¿me compras uno?", dijo la niña con voz tierna. "No, Lenina. En un rato vamos a cenar." "Por favor…" "No, si tomas un helado ahora, no vas a comer." Pero la niña no estaba dispuesta a entrar en razones y se puso a patalear. Al final, Vladimir acabó llevándola casi de los pelos; triste final de un día que había empezado de maravilla. Todo por una negociación mal encaminada. Pero, ¿podían evitarlo?

La vida corporativa contiene un importante elemento de negociación. Salarios, proveedores, créditos, alquileres, lo que se le ocurra. Todo se negocia. Y la teoría del management se ha ocupado en profundidad de un asunto que es más complicado de lo que parece.

Tradicionalmente, la negociación ha sido encarada como una cuestión de win-lose (ganar-perder). Es decir, lo que gana una parte lo pierde la otra. Este enfoque se llama también "negociación posicional", en alusión a las posiciones que adoptan los ejércitos en una batalla. La función del negociador consiste en determinar cuál es el mínimo que la otra parte está dispuesta a aceptar, e intentar llegar a ese límite para quedarse con la mayor parte de la torta.

Imagine que su proveedor le está pidiendo 100. Pero usted cree que él cerrará el trato por 80. Con este enfoque, usted debería emplear todas las tácticas a su alcance para llevar el precio a 80: "Mire, los costos no me dan para comprarle a 100"; "Otros proveedores me han ofrecido mercadería de mejor calidad a 70. Solo estoy hablando con usted porque nos conocemos hace mucho"; "Sé perfectamente que el 70% de su producción se la compro yo. Bájeme el precio o búsquese otros clientes". Presiones, mentiras, amenazas, manipulaciones psicológicas… Todo vale en este estilo de negociación competitiva. La clave es tirar todo lo posible de la cuerda antes de que se rompa.

Sin embargo, en 1981, Bruce Patton, Roger Fisher y William Ury, el gurú de la negociación y director del Global Negotiation Project de Harvard, publicaron *Sí… de acuerdo,* un libro revolucionario sobre las técnicas de negociación. Estos autores proponen una perspectiva distinta para encarar la negociación: el interest-based bargaining, un modelo de win-win (todos ganan). El enfoque se basa en una sencilla premisa: usando un poco de imaginación, en casi todas las negociaciones puede alcanzarse un resultado donde las dos partes se beneficien.

Solo es cuestión de encontrar los intereses comunes para encarar una negociación cooperativa. La clave: en lugar de centrarse en las posiciones, hay que analizar los intereses. Las tácticas, desde luego, son otras: "Los dos tenemos interés en llegar a un acuerdo. Tenemos que encontrarle la vuelta"; "Entiendo que por la devaluación, no puede ofrecerme el producto a 80. Pero si yo aumentara mi volumen de compras, podríamos acercarnos a ese precio?". No compita, colabore… Busque una situación donde las dos partes ganen. Esa es la clave para llegar a un buen acuerdo.

Pero, ¿en qué medida el enfoque de Fisher y Ury describe las negociaciones como realmente se llevan a cabo? ¿Siempre puede encontrarse un acuerdo ganar-ganar? Deberíamos, al menos, ser escépticos. Morton Deutsch señala que la posibilidad de encarar una negociación de un modo cooperativo depende de cómo se relacionen los objetivos de cada parte.

Si la probabilidad de que A alcance un acuerdo satisfactorio depende de que B alcance un acuerdo satisfactorio, hay incentivos para cooperar porque ambas partes ganan si colaboran. Pero si la probabilidad de que A alcance un buen acuerdo depende de que B no lo haga, la negociación se encarará como una lucha a muerte.

Entre esos extremos se encuentran las personas. Es importante entender para ser entendido, comunicar siempre en sentido positivo, buscar sinergias y hasta aplicar el famoso recurso de "contar hasta diez antes de hablar", toda vez que las cosas no están muy claras. Pero esto no es suficiente: ya hemos visto cómo Vladimir no pudo superar la simple aparición de un heladero, y el día perfecto que había planificado terminó con un fuerte enfrentamiento.

De los RRHH, lo peor. "Dibuje una casita, queremos conocer su perfil corporativo"

Laura sabía muy bien lo que quería. Simpática, vivaz, espontánea, frontal, muy frontal. Excelente formación humanista. Acababa de graduarse en la universidad y salió a buscar empleo. Menos de un mes después de empezar a "mandar currículas", ya había superado una entrevista en una importante empresa y la habían vuelto a citar. Ese día, fue recibida por una psicóloga que la sometió a una serie de tests. Primero le hizo dibujar una casa. Luego, le hizo escribir una breve redacción con "tema libre". "¿Qué tiene que ver todo esto con mi desempeño laboral?", se preguntaba Laura.

Ella no lo sabía, pero los tests psicológicos son un elemento muy utilizado por las corporaciones para seleccionar sus recursos humanos. El *Myers-Briggs Type Indicator*, el *Learning Styles Inventory* y el *Thomas-Kilmann Conflict Mode Instrument* son solo algunos de los tests utilizados por las corporaciones para evaluar la personalidad en los procesos de selección y desarrollo de personal.

Pero, ¿qué se oculta detrás del dibujo de la casita y la redacción "tema libre"?

Un verdadero mundo. Primero, hay una compañía que ha formulado una determinada estrategia de negocio. Luego, ha diseñado una estructura organizativa para llevar a cabo la estrategia formulada. Por último, ha descrito las características de las posiciones a cubrir y el perfil de las personas adecuadas para ocuparlas. Y es aquí donde entran en juego los procesos de selección de recursos humanos, donde los tests psicológicos tienen gran protagonismo.

Por ejemplo, el de Myers-Briggs dice que puede describir cuál es la personalidad del individuo: si es extravertido o introvertido, si toma decisiones desde la lógica o la emoción, entre algunas otras categorías. Entonces, si la empresa busca cubrir puestos de vendedor, tal vez no sea buena idea tomar una persona de tipo "introvertido". Posiblemente sea más adecuado alguien con buenas capacidades de comunicación.

La cuestión es infinitamente más complicada que este sencillo ejemplo. Las corporaciones son enormemente complejas y la dicotomía extravertido-introvertido puede resultar muy restringida. ¿Qué ocurre si el hombre es extravertido pero sumamente egoísta? Tal vez no resulte un mal vendedor, pero, ¿sirve un empleado incapaz de trabajar en equipo? ¿Qué pasará si asciende a una posición gerencial donde las dotes de liderazgo son centrales? ¿Es mejor elegir un buen vendedor, o un buen líder?

Estas preguntas nos llevan un paso más allá. ¿Puede reducirse la complejidad de un ser humano a unas pocas categorías de un cuestionario? Suponiendo que así fuera, ¿acaso las personas no cambian nunca? ¿La personalidad a los 20 años es la misma que a los 50?

Según Ben Dattner, profesor de la Universidad de Nueva York, los tests psicológicos son eficaces aunque solo pueden servir como guías, no como un único mecanismo para la selección y desarrollo de personal. En efecto, los tests suelen centrarse excesivamente en las personalidades y dejan de lado las situaciones. Es decir, el resultado es "Laura es una tímida incorregible". Laura estaba buscando su primer trabajo, estaba nerviosa... Pero tal vez se desempeñe, en realidad, como una líder nata si se la coloca en una corporación. Ante situaciones distintas, las respuestas de las personas suelen ser diferentes.

En definitiva, ¿sirven los tests psicológicos?

Pueden tener utilidad siempre y cuando se los emplee como una herramienta más dentro del proceso de selección de personal. A lo sumo, pueden brindar algunas indicaciones sobre las personalidades de los empleados y las áreas para las que cada uno está más capacitado. Pero si el proceso de selección reposa estrictamente en ellos, el resultado será catastrófico porque la empresa se perderá de contratar valioso capital humano.

Laura, en su tercer proceso de selección, ya conocía la mayoría de los tests del mercado, su carácter y formación le daban una gran versatilidad, esto es, sabía qué responder para dar con el perfil requerido.

Tal vez la percepción subjetiva juegue un papel importante, aunque contradiga los resultados de los tests. La subjetividad, aquella impresión difícil de cuantificar, puede hablar de rasgos peculiares, de intereses, de deseos. Detrás de toda empresa están su gente y sus deseos. Captar y comprender esos deseos puede ser el primer paso para dar a cada persona su lugar en una organización. Por fin, el comportamiento organizacional es demasiado complejo para resumirse en el dibujo de "una casita" y una redacción con "tema libre".

III.
MUNDO 2020.
¿TENDENCIAS?

9.300 voces prestigiosas adivinan el futuro: ¿9.300 papelones históricos?

El 16 de noviembre de 1929, la Harvard Economic Society declaró en su informe semanal: "Una depresión severa como la de 1920-1921 está fuera del espectro de lo posible". Claro que no previeron que, en 1933, los Estados Unidos sufrirían un 25% de desempleo. El 2 de agosto de 1968, la revista *Business Week* publicó: "Con más de 50 automóviles importados que ya están a la venta en los Estados Unidos, la industria automotriz japonesa no tiene chances de conseguir una porción grande del mercado norteamericano". Pocos años después se verificaría la avalancha de automóviles nipones. Ken Olson, fundador de DEC, declaró en 1977: "No hay motivo para que alguien quiera tener una computadora en su casa". En 2001, 61 millones de hogares de los Estados Unidos tenían una.

Tres voces prestigiosas, tres juicios prematuros, tres papelones históricos. Pero, si ellos se equivocaron tan feo, ¿qué nos espera al resto de los mortales? En el mundo de los negocios, la necesidad de hacer juicios sobre el futuro se nos presenta todos los días. Cualquiera que sea el sector de actividad y el tamaño de la empresa, necesitamos información de lo que pasará. Peor aún: los errores en las predicciones suelen tener consecuencias funestas para la compañía. ¿Cuánto vale para ellos tener un conocimiento seguro acerca de ciertos hechos económicos del futuro? ¿Cuánto crecerá la economía global? ¿Cuáles serán las regiones en expansión? ¿Qué sectores son más promisorios? Muchos pagarían millones por estos datos. Y de hecho, muchos gurúes ganan millones con sus predicciones. Piense en Alvin Toffler o Peter Drucker, por ejemplo. Sin embargo, ellos también se equivocan (y mucho).

¿Hay alguna forma más segura de conocer lo que nos depara el futuro? Sí, preguntarles a aquellos que lo construyen.

Esto es lo que hizo la prestigiosa publicación *McKinsey Quarterly's* cuando realizó, en marzo de 2005, una encuesta a unos 9.300 ejecutivos de más de 130 países. ¿El objetivo? Captar sus puntos de vista sobre las tendencias de la economía global y la manera en que afectarán a las diferentes ramas de actividad. El resultado: un excelente informe sobre cómo ven el futuro de los negocios dentro de cinco años los hombres y mujeres que están en permanente contacto con el día a día de las compañías multinacionales. Ellos son los tomadores de decisiones que afectan la vida de millones. Ellos son quienes moldean nuestro futuro. Será mejor escucharlos. Saben de qué están hablando.

El 81% de los encuestados respondieron que el incremento de la riqueza de los países en vías de desarrollo y la aceleración de la innovación tecnológica son tendencias que impactarán positivamente en la rentabilidad. Las mejoras técnicas brindarán nuevos productos y el crecimiento de las naciones pobres, mercados donde colocarlos. ¿Adónde estará la rentabilidad? China se destaca entre los "mercados emergentes". El 41% de los ejecutivos de las corporaciones que facturan más de 5.000 millones de dólares espera que ese país absorba la mayor parte del crecimiento de sus ventas en un futuro próximo, una esperanza que refleja las fuertes inversiones realizadas en los últimos tiempos en el coloso asiático.

Los tres principales miedos que comparte la mayoría son la intensificación de la competencia, la escasez de talentos y el incremento de la sofisticación de los consumidores, tres factores estrechamente vinculados entre sí. Nada menos que el 68% ha declarado que la capacidad de innovar y asegurarse los mejores talentos serán las claves del crecimiento corporativo en los próximos cinco años. Apenas un 3% cree que su compañía puede crecer bajando los precios para atraer nuevos clientes. En otras palabras, parece existir consenso acerca de que la competencia del futuro no será vía precios sino a través de la innovación, la diferenciación y la calidad. La mayoría de los ejecutivos han escogido al conglomerado médico-farmacéutico como el sector de mayor potencial de crecimiento. El progresivo envejecimiento de la población de los países ricos incrementará su demanda de medicamentos y servicios médicos. Al mismo tiempo, el crecimiento económico esperado en las naciones en vías de desarrollo abrirá nuevos mercados para estas empresas. Por último, los ejecutivos globales han ubicado al sector minero y energético como el segundo rubro más prometedor.

Así ven el futuro aquellos que lo construyen, cuya opinión hoy, sigue teniendo la categoría de juicio. Esperamos no tener que leer dentro de unos años: 9.300 voces prestigiosas, 9.300 juicios prematuros, 9.300 papelones históricos.

De casa al trabajo… sin salir de casa

Buenos Aires, lunes 13 de mayo de 2030, 10 de la mañana. Los tenues rayos del sol otoñal entibian el verde césped prolijamente cortado de una city convertida en barrio exclusivo. El bullicio de oficinistas, secretarias y ejecutivos es cosa del pasado. Ahora, unos niños juegan a la pelota sobre la avenida 9 de Julio. A pocos metros, las plantas del ex edificio Chrysler se han convertido en los lofts más deseados por los dinks de la ciudad. Todo esto es tan solo el posible resultado de un largo proceso corporativo que hoy está dando sus primeros pasos y se llama "teletrabajo".

Como lo indica su nombre, se trata del trabajo a distancia, una nueva modalidad de gestión de recursos humanos donde el empleado no necesita presentarse todos los días en la oficina ni sentir la respiración de su jefe sobre la nuca. Su actividad se desarrolla desde su hogar, gracias a una serie de herramientas tecnológicas inventadas en los últimos años, como el e-mail, el chat y la videoconferencia.

De acuerdo con la International Telework Association & Council, en 2004 había en los Estados Unidos unos 44 millones de teletrabajadores (incluyendo autónomos y en relación de dependencia), el 20% de la fuerza laboral. Esta cifra contrasta notablemente con los apenas 3 millones de 1990. Es obvio que el factor tecnológico es una condición absolutamente necesaria para la irrupción del nuevo fenómeno. Sin embargo, no puede considerarse suficiente. Así como el hábito no hace al monje, la tecnología no hace al teletrabajador. ¿Cuál es, entonces, la racionalidad que guía a las empresas cuando adoptan esta nueva forma de organizar el trabajo?

Por el momento, la modalidad es empleada principalmente por personas con trabajos que suelen realizase en soledad: arquitectos, ingenieros, diseñadores gráficos y escritores. Pero cada vez más empresas comprenden que puede extenderse a prácticamente toda clase de puestos. IBM, Cisco, American Express, American Airlines, Coca-Cola, Intel y Kodak son solo algunas de las que ya han puesto en marcha algún programa de teletrabajo.

Sin dudas, buena parte de los beneficios provienen del ahorro en infraestructura y mantenimiento. ¿Para qué comprar un edificio de diez pisos con 500 computadoras (sin olvidar sus respectivas sillas y escritorios) cuando los empleados pueden trabajar desde sus máquinas en su propio hogar? Por otro lado, un estudio del California's Telecommuting Pilot Program sugiere que la productividad de los trabajadores aumenta entre un 10 y un 30% cuando no tienen que presentarse de mala gana en la oficina. ¿Por qué trabajar necesariamente de nueve de la mañana a seis de la tarde? ¿Por qué un reloj tiene que marcar las horas de mayor productividad? ¿Se siente cansado? Una siestita de media hora repondrá las energías necesarias para rendir al máximo. Trabaje cuando se sienta a gusto. Esta es la clave de la eficiencia.

Queda claro que la empresa puede tener interés en fomentar el teletrabajo dentro de la organización. Pero, ¿qué gana el empleado? Para empezar, se ahorra aquel insoportable viaje en un subte atestado o ese interminable periplo desde Berazategui hasta el centro, que cuesta tiempo y dinero. ¿No le gustaría disponer de sus tiempos con flexibilidad? El teletrabajo le permite montar su oficina en su propia casa, dedicar más tiempo a la familia y reducir el nivel de estrés.

Los beneficios son numerosos. Pero también plantean una serie de desafíos para el management y la gestión de recursos humanos. Hoy en día, nadie duda de que la nueva modalidad pueda ser ventajosa para ciertos puestos y actividades. Pero, ¿podría aplicarse a gran escala? ¿Cómo dirigir una corporación con miles de empleados de distintos países trabajando desde sus casas? ¿Cómo coordinar sus actividades? ¿Cómo puede un gerente motivar a unos empleados a los que quizá solo ha visto un par de veces? ¿Puede infundirles la confianza que necesitan?

Deberíamos, como mínimo, ser escépticos. Ninguna videoconferencia o herramienta tecnológica puede reemplazar los gestos ni la calidez del contacto cara a cara. Difícilmente una mirada pueda transmitirse por una webcam. Tal vez el escenario descrito al comienzo no sea más que ciencia ficción. Pero tampoco seamos tan conservadores. Nunca sabemos lo que nos deparará el futuro. Quizá en algunos años, gerentes y CEO vivan rodeados de maquilladores, vestuaristas y profesores de teatro. Y tal vez uno de los asesores le dirá: "En unos segundos, su mensaje se transmitirá en directo a los hogares de los 100.000 empleados de la empresa. Motívelos como usted sabe". Luz, cámara, acción.

Sabiduría china, entre el tai chi y el high tech

Famosa es la foto del muchacho de ojos rasgados saboreando un Big Mac y refrescándose con una Coca-Cola con Beijing de fondo. Pero, ¿qué le parece un norteamericano de Boston comiendo chaw-fan en una cadena multinacional china? "Imposible", dirán algunos. Pero la imagen se encuentra más cerca de la realidad de lo que muchos creen. Tras la apertura económica de 1978, el coloso oriental recibió una avalancha de inversiones de compañías transnacionales, ávidas de aprovechar la mano de obra barata. Wal-Mart, Nike, Ralph Lauren, Disney, Adidas, Reebok y tantas otras convirtieron a China en la "fábrica del mundo". El gobierno de Beijing ha declarado explícitamente su intención de impulsar la penetración de sus empresas en mercados extranjeros. Las firmas chinas, que antes de la apertura eran administradas sin los modernos cánones de eficiencia, están buscando ejecutivos dinámicos, con visión global y expertos en las más avanzadas técnicas de management.

Los dirigentes del Partido Comunista han puesto manos a la obra: en los últimos años, distintas universidades chinas han tentado con salarios astronómicos a los directores de las más prestigiosas escuelas de negocios para que pasen unas temporadas en Beijing o Shangai deleitándose con el exotismo asiático y transmitiendo sus conocimientos a camadas de futuros ejecutivos. El prestigioso MIT norteamericano ha firmado convenios con tres universidades chinas para orientar sus programas de MBA. Según un informe del periódico *People Daily*, de los nueve programas de MBA en funcionamiento en 1991, la cifra ascendió a 87 en 2004. En la última década, China ha formado a 82.000 graduados en negocios.

Al mismo tiempo, la República Popular envía alumnos a famosas casas de estudio de los Estados Unidos, Australia, Gran Bretaña y Nueva Zelanda, países que intentan seducir por todos los medios a los jóvenes chinos para incrementar los ingresos de sus escuelas de negocios. De acuerdo con la UNESCO, China es el principal exportador de estudiantes. Según el *China Youth Daily*, el 87% de los alumnos en el extranjero planean regresar a su patria luego de su graduación. A diferencia de la fuga de cerebros típica de las naciones subdesarrolladas, los jóvenes chinos ven con optimismo el futuro de su país. Entre ellos, existe la percepción de que un MBA es un pasaporte seguro hacia el éxito en una economía en expansión donde lo que justamente se necesitan son expertos en negocios para liderar las corporaciones chinas en su proceso de internacionalización.

Estos datos reflejan una situación preocupante para las potencias occidentales: el coloso oriental absorbe el know-how técnico, científico y administrativo que necesitan sus corporaciones para conquistar el mundo. Alguien podría objetar que mientras China solo se limite a reproducir los hallazgos tecnológicos occidentales, sus corporaciones irán siempre un paso atrás de las multinacionales norteamericanas y europeas. Pero un estudio de la consultora internacional Deloitte señala que el proceso está en su etapa final. El gobierno chino está realizando todos los esfuerzos para reducir la dependencia de las compañías extranjeras y otorga fuertes incentivos para la investigación, principalmente en áreas de tecnología de punta en que el país ya goza de cierta experiencia por ser el primer productor mundial de artículos electrónicos. Pronto, China se convertirá en productora de conocimientos en todos los rubros: desde técnicas de negocios hasta desarrollo de productos.

Muchos se muestran escépticos y alegan que difícilmente las corporaciones chinas podrían competir exitosamente con grandes firmas establecidas. Sostienen que tal vez en algunos casos aislados de algunos rubros específicos sería posible. Sin embargo, lo mismo decían en su tiempo de Sony, Panasonic y Toyota, compañías japonesas que luego se convirtieron en líderes. Las circunstancias son similares. Estas firmas crecieron, innovaron y se expandieron a los cuatro rincones del planeta. Tampoco es razonable esperar que empresas chinas se adueñen del mercado mundial de todos los productos. Solo una cosa es segura, las corporaciones de la República Popular saldrán a dar pelea. ¿Triunfarán todas? Claro que no. Sin embargo, el hecho de subirse al ring contra colosos de varias décadas es la mejor señal del cambio de actitud: China se ha lanzado al ataque.

Wenran Jiang, profesor de la Universidad de Alberta (Canadá), señala el caso de Lenovo Group Ltd., un pequeño distribuidor de equipos de IBM en los años '80. Hoy es la principal empresa de computadoras de China, con un market share mundial que ronda el 8%, solo por debajo de Hewlett-Packard y Dell. En diciembre de 2004, adquirió la división de computadoras personales y portátiles de IBM en 1.750 millones de dólares. En la actualidad, 12 compañías chinas ya rankean entre las 500 más grandes del mundo. Un estudio de la Universidad de Beijing sugiere que este número llegará a 100 dentro de 30 años.

La tendencia es lenta pero firme. China se apropia de las técnicas occidentales para consolidarse como un actor fundamental en la economía del conocimiento. Tal vez pronto, también, se convierta en el mayor productor mundial de conocimientos. De seguir así, la "fábrica del mundo" se convertirá en el "laboratorio del mundo". ¿Qué puede detener su paso?

Sociedad del conocimiento, o conocimiento volcado a la sociedad

Hay algunos casos esperanzadores en el mundo, como lo demuestra una iniciativa que el Massachusetts Institute of Technology (MIT) puso en práctica en el año 2002 y que fue imitada por cientos de universidades en China, Francia, los Estados Unidos, Japón y Vietnam. El material usado por los alumnos del MIT está publicado libremente en Internet. Así es, cualquiera de nosotros puede acceder a dicho material sin ninguna restricción, ni siquiera la condición de registro previo. El MITOpenCourseWare es una forma de pensar la sociedad del conocimiento.

Pero no es la única.

Google pagó unos 1.300 millones de euros por You Tube. Cerca de 40 euros por visitante. Algo se está moviendo en la web.

¿Que hay detrás de estas noticias?

Algunos datos (OCDE):

- tres de cada cuatro estadounidenses están conectados a Internet durante un promedio de tres horas diarias;
- el sector de tecnología de la información crece sin pausa;
- en países de la OCDE, las empresas de tecnología de la información representan el 9 por ciento de la facturación industrial y emplean a 14,5 millones de personas;
- dentro del gasto en tecnología, el sector más dinámico es el de I+D;
- en China, el gasto en tecnología de la información creció el 22% anual entre 2000 y 2005, y alcanzó los 118 mil millones de dólares.

Peter Drucker fue de los primeros en advertir los cambios sociales y empresariales de una sociedad estructurada sobre los flujos de información y el valor de lo intangible.

Lo invisible se convierte en el principal activo de muchas sociedades globales.

Marcas, investigación y desarrollo, patentes de invención y procesos. Eso es conocimiento.

Algunos casos no tan recientes: Thomas Alva Edison y Alexander Graham Bell fundaron grandes empresas sobre el monopolio temporal que obtuvieron gracias a las patentes por sus inventos.

Es sin dudas la propiedad un factor especialmente sensible en lo que al conocimiento respecta.

John Locke afirmaba, en su *Segundo tratado sobre el gobierno civil*, que el principal motivo que tiene un individuo para formar parte de una sociedad es la garantía de la preservación de su propiedad.

Los primeros debates jurídicos sobre la propiedad intelectual surgieron hacia fines del siglo XIX, cuando el escritor francés Victor Hugo impulsó la creación de la Berne Convention for the Protection of Literary and Artistic Works para proteger los derechos de propiedad de los artistas.

A lo largo del siglo XX, la preocupación por la propiedad intelectual creció exponencialmente. En 1967, la Organización de las Naciones Unidas creó la World Intellectual Property Organization, con el objetivo de proteger los derechos de propiedad intelectual a lo largo y ancho de la Tierra.

Claro que los derechos de propiedad intelectual son fundamentales para incentivar la inversión en nuevos productos y servicios. Sin ellos ¿quién apostaría a la investigación y desarrollo?

Pero, sin dudas, en el mundo del conocimiento existen sectores más sensibles que otros. Según Médicos Sin Fronteras, de los 40 millones de personas infectadas de VIH, el 90% se encuentran en países en desarrollo. Unas 50 compañías farmacéuticas producen medicamentos antirretrovirales (ARV) en todo el mundo, y se están desarrollando nuevos tratamientos y potenciales vacunas porque existe un mercado para ellos en los países occidentales. Pero las personas que viven con sida en los países en desarrollo siguen siendo ignoradas: de los seis millones de personas que necesitan ARV, solo 440.000 tienen acceso al tratamiento. En el Día Mundial de Lucha contra el Sida 2007, el doctor Tido von Schoen-Angerer, director de la Campaña para el Acceso a Medicamentos Esenciales de Médicos Sin Fronteras, aseguró que los nuevos medicamentos no llegan a las personas que los necesitan para seguir con vida. "El tratamiento del sida comenzó en los países en desarrollo desde que estuvieron a su disposición medicamentos genéricos asequibles. Los programas de tratamiento actuales se enfrentarán a una crisis inevitable a menos que podamos garantizar el suministro continuo de versiones genéricas de los nuevos medicamentos."

Mientras hoy se discute el significado y alcance de la "sociedad del conocimiento", el mensaje de Médicos Sin Fronteras nos advierte y alecciona sobre la necesidad de un conocimiento volcado a la sociedad. Salvando las distancias, que por cierto son enormes, el modelo abierto del MIT es quizás el que se deba seguir: quienes pagan por recibir conocimiento (los alumnos presenciales) son quienes subsidian el libre e irrestricto acceso a él por parte del resto de la población.

En el camino de compartir conocimientos

Creative Commons, algo así como "creatividad comunitaria", es una organización estadounidense no gubernamental, sin fines de lucro, que desarrolla planes para ayudar a reducir las barreras legales de la creatividad por medio de nueva legislación y las nuevas tecnologías.

Ofrece una serie de licencias, cada una con diferentes configuraciones o principios, como el derecho del autor original a dar libertad para citar su obra, reproducirla, crear obras derivadas, ofrecerla públicamente y con diferentes restricciones, como no permitir el uso comercial o exigir el respeto por la autoría original.

Una de las licencias ofrecidas por Creative Commons es la que lleva por nombre "Developing Nations" (Naciones en Desarrollo). Esta permite que los derechos de autor y regalías por las obras se cobren solo en los países desarrollados del primer mundo, mientras que se ofrecen de forma abierta en los países en vías de desarrollo.

El proyecto de Science Commons es parte de Creative Commons. Su director ejecutivo, John Wilbanks, ofrece un agudo análisis del conocimiento compartido. Rescato el párrafo siguiente: "(...) el sistema está provocando problemas en las comunidades científicas y académicas. Los artículos científicos están bajo llave detrás de paredes de fuego, mucho después que sus editores han concretado sus retornos económicos. Esto significa que el nuevo artículo importante sobre investigación de sida no puede ser redistribuido ni, mucho menos, traducido a otros idiomas (donde podría inspirar a un investigador local a resolver un problema del lugar). Las dificultades enfrentadas en relación con el 'acceso abierto' de las publicaciones son fácilmente comparadas a aquellas presentadas cuando consideramos el acceso a las herramientas y a los datos.

"La investigación publicada indica que casi la mitad de los genetistas no han podido validar la investigación de colegas debido a problemas con el secreto y restricción legal..."

Un último párrafo, tomado del mismo lugar: "Poco después de su hallazgo, en 1955, la primera vacuna contra la poliomelitis, creada a partir de un virus sin vida –posiblemente el lanzamiento farmacéutico más exitoso de la historia– había sido administrada a 10 millones de personas en todo el mundo. Cuando le preguntaron a Jonas Salk por qué no había solicitado la patente de su fenomenal descubrimiento, contestó: 'Habría sido como querer patentar el sol'. Unas décadas más tarde, su punto de vista suena extravagante".

Pinche la burbuja

Imagine la siguiente escena: Patrick, un vecino de Nueva York, regresa a su casa tras una agotadora jornada de trabajo. "Querido", le dice su mujer, "se acabó la comida del perro. ¿Puedes ir al drugstore de la esquina a comprar más?" "No te preocupes", responde Patrick, "ya no es necesario." Seguidamente, se conecta a Pets.com y ordena comida para el perro. El pedido llega seis semanas más tarde, cinco después de la muerte por inanición de su pobre labrador.

Tal vez el caso paradigmático de los excesos de la "burbuja digital" de los años '90 fue Pets.com, una empresa que vendía artículos para mascotas y los entregaba a domicilio. La firma emprendió una agresiva campaña publicitaria para imponer su marca. Incluso, pagó más de 2 millones de dólares por un anuncio de 30 segundos en el Super Bowl. Sin embargo, la parafernalia promocional ocultaba un esquema de negocios ineficiente.

Por esos años, todo el conocimiento en management quedó repentinamente obsoleto ante las rimbombantes irrupciones de "la nueva economía", "la era virtual" y el "e-business". Los tradicionales consejos de prudente y meditada estrategia corporativa fueron, de un día para el otro, meros resabios del pasado industrial. Miles de jóvenes y ambiciosos emprendedores se lanzaron en masa a Silicon Valley, soñando con fundar el negocio que los haría súpermillonarios en 15 minutos.

La era puntocom no fue un nuevo paradigma, sino más bien un espejismo seductor que, para muchos, acabó en desastre. La estrategia de management en boga en los tiempos de la burbuja se sintetizaba en el lema "*Get large or get lost*" (Si no creces, desaparecerás). La euforia inicial se basó en conseguir la mayor cantidad de clientes lo antes posible. "Clientes", entendido en un sentido figurado: para captar su atención las empresas les obsequiaban productos y diseñaban toda clase de promociones. El objetivo era consolidar la marca, incluso a expensas de los beneficios. La apuesta era empezar a vender más adelante y recién entonces recuperar todo.

Miles de inversionistas, cegados por una promesa de infinitas ganancias futuras, no dudaron en inyectar capital a estas firmas vía la compra de acciones. "Ahora es el momento", se decían, "tengo que subirme al tren. No pasará dos veces." En ese entonces, pocos se preocupaban por responder a una pregunta elemental del mundo de los negocios: ¿cómo harán estas empresas para ganar dinero? ¿Serán rentables algún día? En su afán por ocupar cuanto antes un nicho de mercado, muchas puntocom habían formulado inviables planes de negocios, reñidos con las más elementales técnicas de management, solvencia económica y hasta sentido común.

Más allá de las utopías interesadas de los gurúes digitales, la definición de lo que es un negocio no ha cambiado. Hacer negocios es obtener un beneficio a través de la satisfacción eficiente de las necesidades de los consumidores. Mientras una firma no cumpla con este sencillo postulado, no hay nuevo paradigma que valga. El principal error de las puntocom fracasadas es haber concebido a Internet como un fin en sí mismo, en lugar de como una herramienta para satisfacer necesidades.

¿Cuál fue el secreto de las que triunfaron? Desarrollaron una estrategia coherente y con visión de futuro. Gastaron los fondos de los inversores con el objetivo de obtener beneficios. Aprendieron de sus errores. En pocas palabras, no se tragaron el cuento del "*Get large or get lost*". Ellas sabían que ser las primeras no lo era todo y tuvieron la paciencia que requiere la maduración de cualquier negocio. De esta manera, tomaron lo mejor de cada paradigma: el dinamismo de la nueva era y la prudencia estratégica de la antigua.

Los verdaderos ganadores de la era de Internet son quienes comprendieron que hacer negocios es generar valor y que, para generar valor, se requiere una estrategia de largo plazo orientada exclusivamente a satisfacer las demandas de los clientes. Todo lo demás es puro espejismo.

Democratizando las empresas: ombudsman corporativo

Julián se había quedado fuera de todo, de un día para otro y sin ninguna explicación.

Lo que empezó en la entrada de la cochera de su empresa como un posible malentendido –su tarjeta magnética no abría el portón–, continuó con una premeditada indiferencia de la recepcionista, miradas y cuchicheos de algunos compañeros de oficina y, finalmente, el destierro. Su jefe lo trasladó sin excusas a la oficina más pequeña, oscura y alejada del piso.

Sí, hablamos de mobbing, una situación en la que una persona o grupo de personas ejerce una violencia psicológica externa, de forma sistemática, durante un tiempo prolongado, sobre otra persona en su lugar de trabajo.

Rescatando algunos datos: según una encuesta de la Universidad de Alcalá, un 11% de los trabajadores manifestó sufrir cotidianamente cierto hostigamiento laboral. En Gran Bretaña, se estiman en 19 millones de jornadas laborales las pérdidas causadas por el mobbing. Y en Suecia, entre el 10 y el 20% de los suicidios estaban relacionados con el hostigamiento.

Por aquella época Julián no tenía salida. Ninguna razón, personal o laboral, justificaba un trato como el que estaba recibiendo, pero no tenía ningún ámbito corporativo de expresión.

¿Algo estará cambiando?

Hace muy poco tiempo conocí un ombudsman corporativo, una persona imparcial en la organización, con la misión de resolver aquellos problemas que la estructura formal no conseguía solucionar. Sus máximas: confidencialidad e independencia.

Suena bien. Sin embargo, fuera de ese caso particular, podríamos preguntarnos: ¿es siempre esta figura confiable? ¿Podría Julián hacer su denuncia sin temor a que se produzca una filtración hacia los canales formales?

Julián necesitará en una primera etapa el beneficio del anonimato. Para eso, algunas empresas que tienen la figura del ombudsman se preocupan por tener un servidor exclusivo dedicado a recibir e-mails de denuncias, líneas telefónicas sin identificación de llamadas, y máquinas trituradoras de papeles para destruir evidencias.

¿Alcanza?

El ombudsman no tiene poder de decisión, pero sí acceso a los niveles más altos de la estructura jerárquica de la empresa. Seguramente, para que esta figura se expanda y sea verdaderamente útil, se deberá demostrar su máxima confiabilidad, presupuesto independiente y reporte directo a la instancia más elevada de la organización.

Sin embargo, una reciente nota publicada por IESE Insight, nos advierte sobre la localización de dicho reporte. En ocasiones, explica, el comportamiento del CEO parece servir más a sus propios intereses que a los de la organización. Sus relaciones sociales con otros miembros de la elite corporativa influyen en el éxito de su carrera profesional y a veces estos lazos sociales pueden llevar a los CEOs a abusar de su poder y a utilizar los recursos corporativos en beneficio propio y a costa de la empresa.

Esta realidad, más vinculada a temas de gobierno corporativo, podría servir para repensar la ubicación del ombudsman en las empresas. Tal vez, su reporte sin intermediarios a algún miembro del directorio, segunda instancia de mayor jerarquía después de la asamblea en la comunidad corporativa, le otorgue a esta posición la magnitud real que su nombre denota.

Argumentos que debemos conocer

En *La Retórica*, Aristóteles escribió respecto a los entimemas: "Para cualquier cuestión de la que tengamos que razonar en asuntos públicos, hay argumentos que necesariamente debemos conocer, en su totalidad o al menos en parte. Pues si no se tiene nada, de la nada no se puede hacer deducción alguna. Por ejemplo, ¿cómo podríamos aconsejar a los atenienses si deben entrar en guerra o no sin conocer sus efectivos navales?". Primero es necesario conocer, para después decidir y finalmente actuar.

El término francés *entrepreneur* define a una persona que funda y opera un nuevo negocio asumiendo, al menos en parte, los riesgos que conlleva su posible fracaso. Pocas cosas más importantes pueden estar hoy en la agenda pública que la necesidad que manifiesta nuestra sociedad de concebir y fomentar una clase empresaria dinámica, pujante, con la vista puesta en el desarrollo, con la aptitud de vislumbrar cuál debería ser su lugar en el mundo en un futuro no tan lejano.

Difícilmente surja de manera espontánea, sin tener en cuenta experiencias pasadas o sin reflexionar con respecto a datos de la realidad global.

Claro que a partir de estos argumentos podríamos derivar en asuntos tan serios y profundos como qué tipo de país queremos o cómo nos vemos en los próximos diez años. Para no ir tan lejos, la pregunta se podría limitar a ¿cómo se fomenta en una sociedad el interés por hacer? No faltarán quienes refuten la necesidad de fomentar, pero dejaremos esta discusión para otra oportunidad. Allí es donde deberá aparecer un ejército de emprendedores con ideas claras sobre el futuro y con la capacidad de hacer.

Desde 1999, la Escuela de Negocios del Babson College y la London Business School publican el *Global Entrepreneurship Monitor*, un informe anual sobre las actividades, características, oportunidades y desafíos de los emprendedores del mundo. El objetivo: evaluar las diferencias entre países, identificar las problemáticas que afectan a las pequeñas empresas y sugerir políticas públicas que las resuelvan.

La edición de enero de 2006 abarca 35 países y contiene algunos datos que vale la pena conocer.

– Los emprendedores de países con ingresos medios suelen orientarse a la producción de bienes para el consumidor final. Los emprendedores de países ricos suelen producir servicios para empresas.
– Hay más emprendedores que emprendedoras.
– Para fomentar el entrepreneurship, el gobierno debe garantizar libertad económica, eficiencia de los servicios públicos, equilibrio fiscal y seguridad jurídica.
– Para profundizar el entrepreneurship, los países de ingresos medios necesitan el desarrollo de una cultura emprendedora y menores tasas de interés. El gobierno debe garantizar tasas blandas para pequeñas empresas y brindar apoyo para la venta de productos en el mercado local y el internacional.
– La educación es relevante para el éxito de cualquier emprendedor en cualquier país.
– Los emprendedores de países de ingresos medios (entre ellos, la Argentina) se están orientando a pasar de "adoptadores de tecnología" a "creadores de tecnología".
– En 2005, los países de ingresos medios iniciaron más nuevos negocios que los de altos ingresos.

– Los empresarios "cazadores de oportunidades" obtuvieron mejores resultados que los "emprendedores por necesidad".

Esto marca una gran diferencia entre los países de bajos ingresos –donde muchos se lanzan a proyectos para escapar de la pobreza– y los países ricos –donde la motivación del empresario es el crecimiento personal. El *Global Entrepreneurship Monitor* concluye que la existencia de una red de seguridad social es fundamental para el éxito de los emprendimientos. Con el estómago lleno, es más sencillo buscar y desarrollar oportunidades rentables de inversión.

La preocupación de los funcionarios en áreas relacionadas con el desarrollo económico es muy importante, es vislumbrar lo que se viene. Generar las condiciones y los instrumentos que faciliten dicho desarrollo es su responsabilidad. La búsqueda, el aprendizaje, el entendimiento deberían sacar provecho de conocimientos y experiencias previos. Estos son datos y argumentos que nos alejan de *la nada* y que necesariamente se deben conocer en su totalidad o al menos en parte.

Biotecnología: especuladores, abstenerse

Según la Biotechnology Industry Association, solo en 2004, en los Estados Unidos, las 330 biotecnológicas que cotizan en Bolsa facturaron 46 mil millones de dólares, invirtieron casi 20 mil millones en I+D y emplearon a casi 190.000 personas. De acuerdo con un artículo de Milva Beloso publicado en *Clarín Rural* el 13 de enero de 2006, la incorporación de biotecnología en el agro le dejó a la Argentina más de 20 mil millones de dólares y generó casi un millón de empleos. En la última campaña, los granos genéticamente modificados representaron más del 90 por ciento del área cultivada con soja, el 70 por ciento del maíz y el 60 por ciento del algodón.

Un camino muy amigable para entrar al mundo de la biotecnología es el libro *Bio… ¿qué?* de Alberto Díaz, director de Transferencia e Innovación Tecnológica de la Universidad Nacional de Quilmes. "Esta joven tecnología se basa en el manejo de la información genética, es decir, puede tomar un fragmento de ADN de los cromosomas de un organismo, eligiendo el que tiene los datos para fabricar una proteína (por ejemplo, insulina humana), y lo coloca en otra especie (bacteria, levadura, células vegetales, etc.) para reproducirla y para, sobre todo, producirla industrialmente. Este conocimiento básico produce beneficios a la sociedad, a nosotros, en forma de nuevos medicamentos, de nuevos alimentos, control del medio ambiente, nuevos materiales, etc., a través de empresas industriales que están muy cercanas a las universidades y a los centros de investigación", afirma Díaz.

El campo biotecnológico es tan amplio que no puede definirse con precisión. Alimentos transgénicos, fertilizantes, semillas, métodos industriales de baja contaminación, innovaciones médicas y combustibles son algunos de los campos donde investigan estas compañías de la sociedad del conocimiento.

Actualmente, muchas biotech están apostando al desarrollo de los biocombustibles, el paradigma energético que, tarde o temprano, reemplazará al petróleo. En este terreno ultradinámico, las distintas empresas compiten por desarrollar la tecnología más eficiente que termine ganando la batalla. La norteamericana GreenFuel Technologies Corporation, por ejemplo, ha desarrollado una fuente de energía en base a algas. En otros casos, la biotecnología se pisa los talones con la medicina. Ambas disciplinas confunden sus fronteras en la genética. La biotecnológica Celera Genomics ganó fama mundial hace algunos años por sus esfuerzos en decodificar el genoma humano. Actualmente, Celera está investigando curas para el cáncer y el mal de Alzheimer.

Otro actor importante del parque biotecnológico es la multinacional agropecuaria Monsanto, productora de semillas genéticamente modificadas y hormonas de crecimiento para vacas. En 2006, tenía 16.000 empleados alrededor del mundo y una facturación superior a los 7.000 millones de dólares. En los últimos años, la empresa ha sido objeto de feroces críticas por parte de globalifóbicos y movimientos ecologistas.

En la Argentina, Biosidus y su división vegetal Tecno-Plant; PC-Gen, con la vacuna contra la hepatitis B por técnicas de ingeniería genética; Biogénesis, con sus equipos de diagnóstico del mal de Chagas a través de proteínas recombinantes; Elea, con su proyecto internacional sobre vacuna contra el cáncer; el Laboratorio Craveri, con ingeniería de tejidos especializada en piel humana; la Universidad Nacional de Córdoba, con sus derivados de sangre humana y otros tejidos, son algunas de las empresas e instituciones y algunos de sus proyectos, que avanzan seriamente en este innovador sector de la economía.

La Secretaría de Agricultura, Ganadería, Pesca y Alimentos de la Argentina lanzó en 2004 el "Plan Estratégico 2005-2015 para el Desarrollo de la Biotecnología Agropecuaria". El objetivo: fomentar el desarrollo biotecnológico relacionado con el agro. De hecho, las estimaciones indican que en los próximos años el país enfrentará un fuerte incremento en la cantidad demandada de alimentos. ¿Cómo satisfacerla? La biotecnología puede ser la solución. Sin embargo, requiere volúmenes de inversión que las empresas argentinas no están en condiciones de afrontar. El capital humano está. Falta el dinero.

Volviendo al libro *Bio… ¿qué?*, Díaz sostiene: "Transformar una nueva idea en resultados comerciales nunca es fácil, en realidad es muy difícil y depende de muchos factores. Asegurar que las innovaciones resultantes se traduzcan en beneficios reales en la vida cotidiana es un reto aún mayor. Para esto se necesitan empresas (empresarios, personas) innovadoras que puedan dialogar con los científicos, que vayan a "golpear las puertas de sus laboratorios', pero también que existan políticas generales estables en el tiempo".

No alcanza con que lo mejor de la biotecnología y lo mejor de los negocios recorran caminos paralelos. Es necesario un esfuerzo adicional para lograr una mezcla exitosa. Ejemplo: hace falta que un proyecto de negocio de biotecnología cuente con un eficiente CFO (gerente financiero), pero eso no es suficiente. El CFO debe participar en la formulación de los objetivos de largo plazo, entender los procesos de investigación, compartir los tiempos de maduración de los proyectos, cuantificar y asumir las probabilidades de fracaso que toda investigación tiene y, finalmente, como parte del proyecto, obtener y administrar los fondos necesarios. No se trata de biotecnología *y* negocios, sino de negocios *de* biotecnología. Por lo tanto, inversores de fondos especulativos, abstenerse.

Creer o reventar:
un tratado sobre el marketing de la religión

El profeta a sus discípulos en algún lugar de Asia suroccidental, unos dos mil y pico de años atrás: "Necesitamos aumentar nuestra penetración en el mercado de Jerusalén. Es importante incrementar velozmente nuestro market share, arrasando a la competencia del falso paganismo romano. Realizaremos una agresiva campaña de consuelo a los afligidos y cura de los enfermos".

¿Se imagina un inicio de reunión en estos términos?

Resulta anacrónico aplicar modernos conceptos de management a los objetivos de los líderes espirituales. Pero, sin dudas, Moisés, Jesús, Siddhartha Gautama y Mahoma, entre otros, tuvieron que convencer a los habitantes de su tiempo de que la religión que ellos profesaban era la verdadera.

En esta época posmoderna, el gurú del marketing Philip Kotler comprendió a la perfección que ya nada escapa al frío análisis económico. Uno de sus principales aportes a la disciplina fue la ampliación del concepto de marketing a ámbitos que exceden lo estrictamente empresarial.

Todo se vende, dice Kotler en su artículo "Broadening the concept of marketing". Productos, servicios, partidos políticos, universidades, políticos, actores, ideas, deportistas...

¿Cómo podría la religión quedar fuera de la parafernalia marketinera? Póngase por unos instantes en los zapatos de un cura, pastor, rabino, o el líder espiritual que prefiera. Usted pretende comunicar un mensaje a sus fieles. ¿Cómo hacer que vayan al templo? ¿Cómo brindarles un buen servicio (valga la expresión)?

Si este es su caso, lea el libro de Kotler titulado *Marketing for Congregations*. Allí busca orientar a los líderes espirituales hacia las mejores decisiones para responder más eficazmente a las necesidades de los feligreses.

Kotler dio el puntapié inicial. Tras el suyo, llegaron decenas de libros de marketing de la religión. Por ejemplo, *Ministry Marketing Made Easy*.

Algunos de los dilemas que pretenden resolver estas obras son: ¿cuándo conviene añadir un servicio religioso? ¿Cuándo construir un nuevo templo? Pero la bibliografía no se detiene allí. Existen obras que explican las mejores estrategias de gerenciamiento financiero, crecimiento, recursos humanos, liderazgo, etc. para iglesias, Otras obras incluyen respuestas para interrogantes del tipo: ¿cómo incorporar fieles de distintos extractos sociales sin que surjan conflictos? ¿Cómo lidiar con las tensiones intergeneracionales? ¿Cómo fomentar las capacidades de liderazgo en los pastores?

En la cultura anglosajona, el marketing religioso es perfectamente normal. Las mismas iglesias son las que ofrecen estos servicios.

¿Están estas prácticas reñidas con los mensajes espirituales?

En nuestras latitudes, mirando los canales de aire a la medianoche, podemos vislumbrar una tendencia.

Gurúes: 2.500 ejecutivos que pagaron 3.000 pesos para verlos en vivo, no pueden estar equivocados

O quizás ocurre con ellos lo mismo que con las moscas.

Arturo, un felino y perspicaz empresario, me decía una vez: "Fui a escuchar a Jack Welch, el célebre CEO de General Electric, y lo pasé muy, pero muy bien. Salí de allí con ímpetu, cargado de energía y con ganas de implementar cosas. *Todo se puede, es solo cuestión de proponérselo.* Inspirándome en las palabras de Welch, llegué a mi empresa y despedí a dos empleados conflictivos. Ahora estaré obligado a reemplazarlos con mayor rapidez".

Mientras yo mismo escuchaba desde la última fila la conferencia de Welch, miraba sorprendido a las cientos de personas deleitadas con sus palabras. Después de hablar con Arturo, mi sorpresa se convirtió en inquietud.

A buscar, entonces. Desde hace ya bastante tiempo, los gurúes han sido sometidos a feroces críticas. La obra *The Witch Doctors: Making Sense of the Management Gurus,* de John Micklethwait y Adrian Woolridge, cuestiona la metodología de estos atractivos personajes. En realidad, advierten, el fenómeno de los gurúes es solo la punta del multimillonario iceberg de las consultoras. Se estima que solo las corporaciones norteamericanas invierten unos 20 mil millones de dólares anuales en servicios de consultoría.

¿Cuál es el verdadero aporte de estos supuestos visionarios? ¿Hay sustancia en sus ideas?

Por un lado, es imposible generalizar, y por otro, no existe una contradicción entre retórica y contenido. Al fin y al cabo, un showman también puede transmitir buenas ideas.

Entonces, ¿a qué se debe la inquietud que me despertó la opinión de Arturo?

Creo que se trata de la fascinación que se puede conseguir sobre la audiencia y la reacción impulsiva que esa misma fascinación puede provocar.

Seguí buscando y encontré un documento que me aclaró totalmente la cuestión. En su estudio *Humour and Laughter in the Public Lectures of Management Gurus*, David Greatbatch y Timothy Clark, de la Universidad de Londres, realizan un minucioso análisis de las presentaciones públicas de los famosos Tom Peters, Rosabeth Moss Kanter, Peter Senge, Gary Hamel y Daniel Goleman. Todos apelan al humor para impactar al público. La risa (conquistada a través de jugosas anécdotas) es el punto central que les permite ganarse la complicidad del auditorio. El estudio enumera los estímulos que provocan risas y aplausos.

En definitiva, el show muestra a señores que saben exactamente qué decir para hacer reaccionar al público.

¿Esto es malo? No necesariamente.

Sin embargo, permítame sospechar de aquellas cuestiones en las que las *formas* pueden estar disfrazándose de *fondo*.

Un show excelente fascina, emociona, convence e impulsa a la acción. La pregunta sigue siendo la misma: ¿qué hay del fondo?

Insisto: no se puede generalizar y no tiene por qué haber contradicción entre retórica y contenido. Sin embargo, recordé lo que decía un buen amigo que ganó la última edición del premio al mérito docente que otorga su universidad: "Nosotros sabemos muy bien cómo arrancar una sonrisa, un aplauso, y una buena calificación. Eso no quiere decir que hagamos bien nuestro trabajo".

Bellos negocios

Marcos Capricholi era feo a más no poder. Sus vecinos del barrio Navigli de Milán, donde Marcos vivía con su abuela, decían que por ser tan feo había acabado siendo huraño y rencoroso. Yo no lo creo así, las evidencias me lo demuestran: conozco gente fea de excelente talante y también gente linda con pésimo carácter. Feo, lindo, gente… conceptos subjetivos, si los hay. Sin embargo, mi opinión en esta historia no tiene importancia. Sigamos. Un domingo de marzo navegando por Internet, Marcos encontró en la revista argentina *Viva* un reportaje a una compatriota, Francesca, que había viajado a Buenos Aires para hacerse una cirugía estética. Francesca, contaba la nota, llegó a Buenos Aires, se hizo unos implantes dentales, se sacó bolsas de los párpados y regresó a su tierra con cara nueva. Antes, aprovechó para pasar unos días en Mar del Plata y otros en el carnaval de Gualeguaychú.

Dos semanas después, Marcos estaba volando con destino a Buenos Aires.

Según estadísticas de la International Society of Aesthetic Plastic Surgery, la Argentina ocupa el quinto puesto mundial en cantidad de cirugías realizadas. En 2004, se practicaron unas 50.000 intervenciones, el 60% más que en 2003. El país representa el 8% del mercado mundial de un negocio fabuloso.

Como siempre, los visionarios no tardaron en encontrar el negocio.

Plenitas es una empresa que ofrece el servicio completo de transporte a la Argentina, intervenciones qirúrgicas y viajes a destinos varios del país. Usted puede venir a practicarse operaciones plásticas, transplantes de cabello, tratamientos odontológicos y dermatológicos a precios irrisorios en comparación con los de, por ejemplo, los Estados Unidos (de hecho, los precios son tan competitivos, que muchos desisten por creer que se trata de una estafa).

Por ejemplo, si usted quiere hacerse un implante de siliconas, la empresa le ofrece un paquete que, por unos 4.500 dólares, incluye, además de la operación, 14 noches de alojamiento en el Howard Johnson Express Inn y un asistente bilingüe. El servicio ya fue contratado por más de 800 personas provenientes, principalmente, de los Estados Unidos, Gran Bretaña y España.

Según datos de la American Society of Aesthetic Plastic Surgery solo en los Estados Unidos se practicaron 11,5 millones de procedimientos estéticos (quirúrgicos y no quirúrgicos) durante 2005. Desde 1997, la cantidad de intervenciones aumentó el 444%. Los tratamientos más populares son las liposucciones, las aplicaciones de bótox, las rinoplastias (correcciones de nariz) y los implantes de siliconas. Así, en solo un año, los norteamericanos gastaron la fabulosa cifra de 12 mil millones de dólares en tratamientos estéticos.

El negocio de la belleza artificial también rompe récords en Europa. De hecho, un artículo de 2005 del website LaBolsa.com anuncia en la Bolsa madrileña la primera oferta pública de acciones de una compañía dedicada a la cirugía estética. Se trata de la Corporación Dermoestética, propiedad del español José María Suescun, quien acudió al mercado de capitales para financiar la expansión internacional de su empresa.

El escritor Julian Barnes, en una entrevista realizada por Juana Libedinsky para el diario argentino *La Nación*, nos hace pensar acerca del motivo de este fenómeno: "Todos podemos ver, pasada cierta edad, cómo el cuerpo decae, y de alguna manera asumimos que lo mismo ocurre con los espíritus y las pasiones, pero eso es muy poco probable y siempre fue poco probable".

Quizás, entonces, el auge de las cirugías estéticas sea un intento de las personas por mantener el cuerpo en sintonía con el espíritu y la pasión. O quizá simplemente sea el resultado del abaratamiento de precios por la aparición de nuevos procesos y tecnologías.

Dudo mucho, en cualquier caso, que la cirugía le dé a Marcos la pasión que nunca tuvo.

IV.
LOS NEGOCIOS, LAS EMPRESAS
Y LOS EMPRESARIOS

(ENTRE EL DESPRECIO Y LA IDEALIZACIÓN)

Corporaciones: ¿las malas de la película?

De las 100 economías más importantes del mundo, 51 son corporaciones y solo 49, países. Los ingresos de las 200 primeras compañías equivalen al 27% del PBI mundial. En base a estos datos, ¿quién negará que las corporaciones "dominan" buena parte de nuestras vidas? Ellas producen y comercializan muchos de los alimentos que comemos, los autos que manejamos, las películas que vemos, las computadoras, los electrodomésticos... La lista no tiene fin.

Sin embargo, a pesar de los invalorables servicios que nos prestan, muchos se refieren a ellas en tono despectivo. El gurú de la tecnocracia Howard Scott alguna vez dijo: "Un criminal es una persona con instinto depredador que no tiene suficiente capital para formar una corporación". El activismo anticorporativo suma millones de personas alrededor del mundo y tiene sus propias organizaciones y foros de Internet. Pero, ¿a qué se debe este desprecio por estas organizaciones tan centrales en nuestras vidas? Tal vez un breve recorrido por la historia nos ayude a echar algo de luz sobre el asunto.

Las corporaciones de negocios modernas nacen con el capitalismo temprano, en el siglo XVII. En muchos casos, surgen al amparo de gobiernos que pretenden fomentar ciertas actividades comerciales demasiado costosas o riesgosas como para ser desarrolladas por individuos aislados. Con la Revolución Industrial del siglo XIX, se forman las primeras grandes compañías industriales que se independizan de la tutela estatal. Sin embargo, el gran salto ocurre en el siglo XX, con el proceso de multinacionalización de las grandes empresas. Es así como Coca-Cola, McDonald's, Ford, Carrefour, Shell, Microsoft, IBM y muchas otras se convierten en parte de la vida cotidiana de millones de seres humanos hasta en los rincones más recónditos de la Tierra.

¿De dónde surge la mala imagen de las corporaciones? Muchos las asocian con la ambición desenfrenada, el ansia de lucro a cualquier costo y el desprecio hacia el medio ambiente. Y, si bien las críticas no pueden aplicarse a todas las compañías, en ciertos casos no están alejadas de la verdad. El más extremo tal vez sea el de la United Fruit, que desde sus oficinas centrales en Guatemala instalaba dictadores en Centroamérica para asegurar su negocio de exportación de bananas a los Estados Unidos.

Esta clase de conductas reprochables no son solo recuerdos, sino una triste realidad de nuestro tiempo. Piense en los megafraudes contables de Enron, WorldCom, Parmalat y Vivendi. Piense en las turbias intrigas de Halliburton, aquella empresa vinculada a Dick Cheney, vicepresidente de los Estados Unidos, acusada de instigar la invasión a Irak para realizar oscuros negocios. Los escándalos parecen dar la razón a lo que alguna vez dijera el escritor norteamericano Ambrose Bierce: "Una corporación es un ingenioso instrumento para obtener beneficios individuales sin responsabilidad individual".

En su libro *When Corporations Rule the World*, David Korten, ex catedrático de negocios de Harvard, critica el enfoque liberal que pregona la desregulación de las actividades de las corporaciones para impulsar sus capacidades de producir riqueza. No quiero caer en groseras generalizaciones, pero debo decir que las corporaciones no reguladas suelen cometer acciones reñidas con la moral, lo que justifica el rechazo que muchos sienten hacia ellas.

Sin embargo, tras la reciente ola de fraudes, algo parece estar cambiando. Los gobiernos están empezando a comprender que la absoluta libertad corporativa puede ser fuente de grandes males. La aprobación en el Congreso de los Estados Unidos de la ley Sarbanes-Oxley, en julio de 2002, es el intento más decisivo de regular las corporaciones desde los años '30. ¿Podrá esta nueva ley restaurar los principios éticos en la vida corporativa? Es demasiado pronto para realizar un diagnóstico. Pero al menos parece un paso en la buena dirección, un paso que acerca a las corporaciones a lo que fueron en sus orígenes: compañías comerciales capitalistas, sometidas a la vigilancia estatal.

Es indudable que las multinacionales seguirán dominando la economía global por muchos años más. Y tal vez no esté mal que así sea. Solo ellas pueden costear la investigación y desarrollo necesarios para ofrecer cada vez más y mejores productos que nos hacen la vida más amena, confortable y duradera. Si se uniera esta capacidad con un compromiso social, la mala fama que se han ganado no tardaría en desaparecer.

Empresas ricas, ¿ejecutivos demasiado ricos?

Según la revista *Forbes*, Terry Semel, CEO de Yahoo, embolsó 230 millones de dólares durante 2004. Sin embargo, el salario básico medio de un CEO de las corporaciones top del ranking de *Fortune 500* oscila entre 1 y 3 millones anuales. ¿Cómo se explica semejante diferencia? ¿Cómo hizo Yahoo para pagarle semejante Everest de billetes verdes? La palabra clave es "incentivos".

El estudio "Executive Equity Compensation and Incentives", de la prestigiosa Escuela de Negocios de Wharton, pone el foco sobre la *corporate governance*, el conjunto de mecanismos que ayudan a alinear las decisiones de los managers con los intereses de los accionistas. ¿Cuál es el interés de los accionistas? Maximizar el valor de sus acciones. Durante mucho tiempo, buscaron maneras de que los managers respondieran a sus propios intereses en lugar de preocuparse por salvaguardar su bien remunerado empleo. En los años '80, el ingreso de los principales ejecutivos se componía de un salario básico más algunas bonificaciones por

115

objetivos logrados. Durante la década de 1990, se puso en boga un método de remuneración basado en un instrumento financiero: las *stock-options*. Veamos cómo funciona.

Imagine que usted es el CEO de una transnacional. Gana un sueldo fijo de un millón de dólares anual y tal vez otros 8 millones en base a ciertos indicadores de rendimiento. No está nada mal. Pero son solo monedas en comparación con lo que podría ganar con las stock-options. Estamos en agosto de 2005. Las acciones de la empresa valen 100 dólares. Para incentivarlo a mejorar su desempeño, los accionistas le ofrecen un millón de opciones para comprar acciones en agosto de 2007 pero al precio de 2005. Si en agosto de 2007 las acciones de la firma trepan a 150 dólares, usted beberá champagne y viajará en limusina el resto de su vida. ¿Por qué? Muy sencillo. Usted ejerce su opción a comprar un millón de acciones a 100 dólares e inmediatamente las vende a 150. ¿El resultado? Usted gana 50 millones de dólares. Así ganó Terry Semel la mayor parte de sus 230 millones.

Con este sistema de compensación, usted tiene un fuerte incentivo para incrementar el valor de las acciones de la empresa. ¡Oh casualidad! Los accionistas quieren exactamente lo mismo. Parece la solución soñada del corporate governance: un contrato donde los accionistas les dicen a los managers: "Si a la empresa le va bien, a nosotros nos va bien. Y si a nosotros nos va bien, a usted le irá bien". ¿Es realmente así?

Mejor moderar un poco el optimismo. Los esquemas de remuneración en base a stock-options pueden causar desastres. En *Six Challenges in Designing Equity-based Pay*, el profesor de la Harvard Business School Brian Hall advierte acerca de los riesgos de esta modalidad. En primer lugar, el mecanismo suele basarse en una estrecha visión cortoplacista. La mayoría de las stock-options vencen en un plazo que rara vez supera los cinco años. Es decir, en 2005, el

CEO recibe opciones de compra de acciones en 2010. Por lo tanto, tiene ese tiempo para hacer subir el precio de las acciones. Y para lograrlo, sufre la tentación de adoptar medidas en detrimento de los intereses de largo plazo de la corporación, como recortar el presupuesto de investigación y desarrollo. ¿Qué ocurre? La empresa genera mayores ganancias en el corto plazo, pero resigna su posición competitiva futura al sacrificar el departamento de innovación. De este modo, el esquema de pago en stock-options se convierte en una navaja de doble filo. El CEO y los accionistas ganan en el corto plazo. La corporación pierde en el largo.

En segundo lugar, el profesor Hall señala que el pago en stock-options genera fuertes incentivos al fraude. El CEO sufre la tentación de manipular los libros contables para presentar cifras falsas de ganancias e impulsar artificialmente el precio de las acciones. Precisamente eso es lo que hicieron los managers de Enron y WorldCom: "dibujaron" libros para inflar el valor de las acciones y ejercer sus opciones millonarias a expensas de los inversores que no tenían acceso a la información privilegiada. Los dirigentes engañaron al mercado, haciéndole creer que la compañía gozaba de excelente salud. Las acciones subieron, ellos vendieron. Cuando se descubrió el estado real de las cuentas, quienes habían comprado a altos precios se encontraron con que sus acciones no eran más que papeles pintados. Mientras tanto, los estafadores tenían millones de otros papeles pintados de verde depositados en bancos suizos.

Lo que en un primer momento pareció una solución mágica para que los managers respondieran a los intereses de los accionistas, hoy es seriamente cuestionado. En muchos casos, más que alentar la eficiencia de los managers, las stock-options acaban alentando conductas que destruyen valor de la compañía (o, en los casos más extremos, a la compañía misma). A pesar de las críticas, las stock-options seguramente seguirán siendo una parte fundamental de la compensación a altos ejecutivos, al menos por una década más. Sin embargo, no debe creerse que son intrínsecamente malas. Incluso, pueden dar excelentes resultados. Deben aplicarse con honestidad e inteligencia para potenciar sus virtudes y minimizar sus riesgos.

¿Empresario o ejecutivo? ¿Pastor o lobo?

Pedro Alonso era el modelo del joven ejecutivo triunfador. Tras un brillante MBA en Harvard, con apenas treinta y ocho años había alcanzado el puesto de chief financial officer de una importante corporación norteamericana. En una cálida mañana primaveral, llegó con su vehículo deportivo (gentileza de la compañía) al estacionamiento del banco. Presentó a la recepcionista su tarjeta personal corporativa. "Vengo a pedir un crédito", dijo. Ella lo anunció por el interno y, segundos más tarde, el gerente lo invitó a pasar a su oficina privada: "¿Quiere tomar algo? ¿Café, jugo de naranja?". "No, gracias. Estoy bien." "¿Puedo ofrecerle un habano? Los hago traer de Cuba especialmente para mí."

Pedro parecía tener todo lo que podía soñar. Pero un buen día, se cansó de la vida ejecutiva, las interminables reuniones, los viajes, la tediosa rutina... Quería manejar sus tiempos, dedicar más horas a su familia, en fin, probar suerte con un proyecto propio. Así que aprovechó su experiencia en finanzas para fundar su propia consultora. Los primeros tiempos fueron duros. Los clientes eran esquivos y Pedro comenzaba a preguntarse si había hecho bien en abandonar su antiguo empleo. No lograba adaptarse a su nueva actividad, tras tantos años en la vida corporativa.

Un buen día, fue al banco para negociar el crédito que necesitaba para mudar su oficina a un edificio de mayor categoría donde recibir a los clientes. Casualmente, se encontró al gerente en la puerta. El hombre lo reconoció de inmediato: "¡Pedro! ¡Qué alegría verlo! Acompáñeme a mi oficina a tomar un café. ¿Cómo anda?". "Bien. Renuncié a mi cargo de CFO y estoy trabajando en un emprendimiento propio. Justamente por eso venía." El semblante del gerente se ensombreció: "¿Renunció? Ahhh… Disculpe… Acabo de recordar que tengo una reunión. Haga la cola con el resto. Nuestros oficiales de crédito lo atenderán. Que tenga un buen día".

¿Hizo bien o mal Pedro en abandonar su puesto corporativo? Pregunta de difícil respuesta. Hay que considerar una serie de factores. La tarjeta de presentación corporativa de los ejecutivos abre todas las puertas, garantiza respeto y reverencias. El camino no es sencillo para los emprendedores. Pero aun así, muchos lo han hecho con sensacional éxito. Michael Bloomberg, actual alcalde de Nueva York, en 1981 abandonó su empleo en el banco de inversión Salomon Brothers e invirtió sus ahorros en la fundación de su propio negocio. En 2005, la revista *Fortune* estimaba su patrimonio en 5.000 millones de dólares.

¿Qué clase de "animal económico" es usted? ¿Un fiel "pastor" corporativo? ¿Un solitario "lobo" entrepreneur? Pruebe con el siguiente test (no es en serio, pero…).

I) Recuerde sus años de la universidad, aquella muchacha que usted deseaba pero que lo ignoraba olímpicamente. ¿Qué hizo al respecto?
  a) Ante el primer rechazo, decidió no perder más tiempo en una causa imposible y fijó la vista en otra.
  b) Insistió, insistió e insistió hasta cumplir con su objetivo (o hasta que ella, harta, obtuvo una orden judicial que le prohibía acercarse a menos de cien metros).

II) Recuerde el día anterior a aquel examen trascendental. Usted había estudiado muchísimo pero andaba flojo en algunos temas, es decir, tenía unas chances de "cincuenta y cincuenta" de aprobarlo. ¿Cuál fue su actitud?

a) No se presentó. Esperó al siguiente turno para prepararse mejor.
b) Usted aceptó el riesgo y se presentó de todas formas.

III) ¿Cuál de estos dos ejemplos caracterizan mejor su metodología de estudio?

a) Se levantaba todas las mañanas, desayunaba y estudiaba hasta el mediodía. Después del almuerzo, volvía a los libros hasta la merienda.
b) No soportaba la rutina. Estudiaba cuando se sentía más a gusto, sin fijarse en el horario. A veces, podía pasar más de una semana sin tocar los libros. Otras semanas, hasta se olvidaba de comer o de dormir.

Sin gran rigor científico, podemos imaginar que si usted sacó mayoría de A, es posible que su perfil corresponda al de un ejecutivo. Si sacó mayoría de B, usted podría ser un empresario en potencia. El empresario triunfador no baja los brazos tras innumerables fracasos. Sabe que estos son los escalones hacia el éxito. En términos corporativos es muy común toparse con el esquema del *up or out*: el que no asciende, se va. En el mundo empresario, la disyuntiva es más drástica: el que no crece, se hunde.

El psicólogo y profesor de Liderazgo de la Harvard Business School Abraham Zaleznik sostiene que la voluntad de asumir riesgos es una de las principales características del entrepreneur. El empresario no tiene la posibilidad (ni el interés) de refugiarse bajo el nombre de la empresa. Él debe salir a matar o morir. Y no tiene otra opción que arriesgar.

La pregunta III es capciosa. Habitualmente, asociamos al ejecutivo con un hombre que cumple una rutina. Y, de hecho, muchos renuncian a sus puestos para montar su propia empresa con el objetivo de manejar mejor sus tiempos. Olvídese. El profesor Luis Pereiro, director del Centro de Entrepreneurship & Desarrollo de Negocios de la Universidad Di Tella, de Buenos Aires, asegura que, en la mayoría de los casos, esto es pura ilusión. El empresario acaba por convertirse en esclavo de su negocio. Sin horarios fijos que cumplir, sin objetivos precisos fijados por la corporación, la mente entrega todas sus energías a la empresa. Tenga cuidado, porque el tiro puede salir por la culata. Pero no se asuste. Ese es el precio que hay que pagar.

¿Cuántos nombres de CEOs conoce usted? Uno o dos, con suerte. Ahora piense en empresarios triunfadores. Tal vez se le vengan a la mente Bill Gates, Rockefeller y muchos otros. Ellos son los que hacen la historia de los negocios. Sin embargo, detrás de los pocos casos exitosos, hay millones que han fracasado, millones que han pagado el precio sin gozar de los beneficios. Medite bien antes de abandonar su confortable sillón corporativo. Si decide dar el paso, no lo haga seducido por una vaga promesa de "mayor independencia", como Pedro. Hágalo si en verdad cree que su empresa podrá satisfacer las necesidades de los consumidores mejor que ninguna otra. En definitiva, usted tiene que estar dispuesto a "entregarlo todo" por su sueño.

La honestidad es el mejor negocio

"Culpable", sentenció el jurado el 15 de marzo de 2005. Bernie Ebbers enrojeció. Su esposa sollozaba en silencio en la primera fila de la corte. Ambos sabían que al ex presidente de WorldCom tal vez le esperasen muchos años de traje a rayas por un fraude de 11.000 millones de dólares. Coletazos de los sucesos de 2002. George W. Bush (hijo), en plena guerra contra el terrorismo, encontró un inesperado enemigo interno: los fraudes corporativos en las tapas de todos los diarios. Miles de ahorristas furiosos tras perder el fruto de años de esfuerzo. Enron, WorldCom, Vivendi, Shell... Todos creían que eran solo la punta del iceberg. La confianza se disolvía... Fue entonces cuando CEOs, economistas y estadistas desempolvaron una vieja palabra: ética.

Una palabra que había gozado de fama en los '90, cuando muchas corporaciones redactaron sus "códigos éticos" para ejecutivos y empleados. Si no fuera por los cientos de familias arruinadas que dejó, el estatuto que la energética Enron puso en práctica en julio de 2000 resultaría casi risible: "Nuestros negocios serán conducidos en cumplimiento con todas las leyes, con los mayores estándares profesionales y éticos". Apenas dos años y medio después, la compañía colapsaba en uno de los mayores escándalos de corrupción corporativa de la historia. Los mismos directivos que pregonaban con bombos y platillos sus valores morales, habían sobornado a auditores para ocultar pérdidas y vender acciones por 1.100 millones de dólares. ¿Los empleados? En la calle y sin fondos de jubilación. ¿Los accionistas? Habían perdido más de 60.000 millones de dólares. Las acciones de Enron cayeron de 80 dólares en enero de 2001 a 70 centavos en el mismo mes de 2002.

La ética, la verdadera, volvió al centro de la escena. Muchos acusaron a la cultura norteamericana del éxito, de haber cegado a unos ejecutivos dispuestos a todo a cambio de dinero y poder. David Skeel, profesor de Derecho de la Universidad de Penn y experto en ética corporativa, advirtió que los fraudes empresariales son más frecuentes en las compañías de los Estados Unidos donde existe una cultura del riesgo y la avaricia. En Japón, la corrupción suele darse entre ejecutivos de rango intermedio, no altos directivos, pero allí, una vez descubierto el fraude, es habitual que el dirigente renuncie para salvaguardar su honor. No es extraño que un CEO japonés responda voluntariamente con su propio patrimonio tras el fracaso de la empresa que dirigía. Incluso, algunos llegan a suicidarse, actitudes que contrastan con las de Estados Unidos, donde los ejecutivos timadores se quedan con millonarios "paracaídas dorados".

Thomas Donaldson, profesor de Derecho de Wharton, señala: "Las grandes empresas parecen estar dispuestas a meterse en líos espantosos con tal de disparar la cotización de sus acciones o mantener su cuota de mercado". El fenómeno no se limita a los Estados Unidos, sino que –como lo demuestra el escándalo en la compañía láctea Parmalat– es el resultado de una serie de actitudes que están "incrustadas en la mentalidad contemporánea" de muchos ejecutivos corporativos de todo Occidente.

En los últimos tiempos, han surgido iniciativas gubernamentales para impedir que se produzcan nuevos fraudes corporativos. En el caso norteamericano, los abusos en este sentido condujeron, como he dicho, a la sanción de la ley Sarbanes-Oxley, que pretende fortalecer la independencia de los auditores y la responsabilidad de los directivos al tiempo que endurecer las penas para los hechos de corrupción. En su nuevo libro, *Icarus en la sala de juntas: fraudes fundamentales de la América corporativa y su procedencia,* Skeel se muestra escéptico con respecto a esta solución. No bastan las leyes para prevenir desastres. A pesar de las nuevas regulaciones, la oleada de fraudes no se ha detenido desde los resonantes colapsos de Enron y WorldCom. Nuevos casos han salido a luz: Strong Funds, Putnam Funds, el antiguo Prudential Securities y otras firmas financieras. Los hechos de corrupción también salpicaron al coloso aeronáutico Boeing por sus oscuros contratos con el Pentágono.

Complicado panorama... Ejecutivos hijos de una cultura de la avaricia y regulaciones inefectivas. ¿No existe ninguna salida del círculo? Muchos expertos afirman que una de las principales causas de los fraudes corporativos se encuentra en una excesiva concentración de poder en manos de los managers. La creciente abundancia de modernos instrumentos financieros y fondos de inversión hace que muchos pequeños ahorristas ni siquiera sepan en qué empresas poseen acciones. Sin supervisión por parte de los accionistas, los managers manejan la corporación como les place. Para perpetrar una estafa, solo necesitan la "vista gorda" de algún auditor y la complicidad de un par de funcionarios públicos. Es un juego donde todos ganan a expensas de los empleados y del dinero de los zapateros, panaderos y demás ahorristas.

Un modo de evitar esta clase de trampas sería ejercer un mayor control sobre ejecutivos inescrupulosos. Manuel Tipgos y Thomas Keefe, profesores de la Universidad de Indiana, proponen un mecanismo de regulación basado en "pesos y contrapesos", sin necesidad de intervención de agentes del gobierno. Cada vez es más frecuente que los empleados reciban acciones de la compañía. Entonces, ellos mismos podrían ejercer como auditores de los ejecutivos. Los trabajadores conocen la situación de la empresa mejor que cualquier auditor externo. Y, puesto que su intención es mantener la estabilidad laboral, no hay dudas de que tienen mucho interés en evitar maniobras fraudulentas. Ellos saben que un aumento artificial del precio de las acciones en el corto plazo podría costarles el trabajo en el largo.

En definitiva, ¿cómo acabar con los fraudes corporativos? Difícil pregunta, de respuesta incierta. Las regulaciones públicas pueden contener en cierta medida el fenómeno, aunque nunca eliminarlo. Se resolverá si las corporaciones comprenden cuál es su esencia, el papel que desempeñan en la economía global. Una corporación no es un grupo de ejecutivos todopoderosos que manejan a empleados y accionistas a su antojo, sino un barco donde viajan ejecutivos, empleados y accionistas. La nave solo llegará a buen puerto si cada cual colabora en lo que le corresponde. Y, bien llevado, es un juego donde todos ganan. Los accionistas maximizan el valor de sus acciones en el largo plazo, los empleados se aseguran estabilidad laboral y los ejecutivos, la garantía de que no tendrán que acompañar al ex presidente de WorldCom tras las rejas. Entonces cobra relevancia la célebre máxima de Benjamin Franklin: "La honestidad es la mejor política".

Y usted, ¿de qué madera está hecho?

Guillermo Curvado siempre soñó con ser rico. Lo intentó todo en la vida: cultivo de arándanos, remates, propiedades, pistas de patinaje, videoclubes, canchas de paddle, tiendas de "todo por dos pesos"... Pero el éxito siempre le fue esquivo. Bill Gates, un anónimo muchacho de la costa oeste de los Estados Unidos, abandonó Harvard en 1975 para dedicar todas sus energías a una nueva empresa de computación llamada Microsoft. Hoy, es el hombre más rico del mundo.

    ¿Por qué algunos triunfan velozmente mientras que otros pueden pasarse la vida viajando de un fracaso a otro? Difícilmente pueda responderse de modo definitivo a esta pregunta. Sin embargo, en los últimos años, el mundo académico ha comenzado a investigar si existe algún tipo de personalidad especialmente apta para los negocios. Abraham Zaleznik, psicólogo y profesor de Liderazgo de la Harvard Business School –a quien ya hemos hecho referencia–, es uno de los que más han avanzado en esclarecer este fenómeno. Ha analizado la vida de Henry Ford, Andrew Carnegie, Coco Chanel y David Kinerberes, entre otros, para descubrir qué elementos de la personalidad pueden explicar el éxito empresarial. ¿Su conclusión? Para triunfar en el ultracompetitivo mundo de los negocios se requiere visión, apasionamiento, inconformismo y… amor por el riesgo.

¿El triunfo empresarial está inscripto en los genes? ¿Se manifiesta desde la más tierna infancia? El test que le propongo a continuación le dirá si usted encarna el instinto de un animal de los negocios. No sea tímido. Anímese a saber de qué madera está hecho.

Espíritu
A. Cuando jugaba a las bolitas, no soportaba perder y discutía a muerte cuando creía tener la razón de su lado: "¿Estás ciego?", le gritó una vez a un compañerito, "¡Tu bolita no tocó la mía!". Sin embargo, cuando era derrotado legítimamente, no era mal perdedor.
B. Usted era un buenazo de alma. Cuando ganaba un partido y su rival se entristecía, usted lo consolaba: "No te pongas mal. Quedate con la bolita y juguemos de nuevo".

Visión
A. Un día, usted percibió que el juego de la bolita estaba en decadencia. "Las figuritas son el futuro", se dijo. Entonces, les pagó a dos amiguitos para que promocionaran su nuevo emprendimiento y, una vez generada la necesidad, empezó a vender figuritas en un mercado en franco crecimiento.
B. Quería tener siempre la figurita más buscada y no ahorraba esfuerzos para conseguirla. Compraba docenas de paquetes, pero cuando salía a la venta un nuevo álbum, dejaba el anterior sin terminar… y comenzaba a coleccionar las nuevas.

Riesgos
A. Usted era un adicto a la adrenalina. En el Italpark, su juego favorito era la montaña rusa. Una vez discutió enérgicamente con un encargado que no lo dejaba entrar porque no superaba la estatura mínima: 1,20 metro.

B. Usted prefería la tranquilidad del hogar. Sus pasatiempos favoritos eran los juegos de mesa y descollaba en las damas, el ludo y el ajedrez. Durante las vacaciones en Bariloche, mientras su hermano se trepaba a las montañas, usted leía tranquilamente un curso de ajedrez de Bobby Fischer.

Estrategia

A. Desde pequeño, analizaba cuidadosamente los distintos escenarios posibles para evaluar sus acciones. Sin saberlo, usted era todo un especialista en teoría de los juegos. Cuando cambiaba figuritas, su mente sopesaba cada alternativa para alcanzar el objetivo deseado: "Veamos... Quiero la de Bochini. Estoy dispuesto a sacrificar la del Beto Alonso. Pero Pedrito es astuto. Sabe que la de Bochini es difícil. A ver... Puedo ofrecerle también la de Gatti".

B. A usted le cansaban las negociaciones por las figuritas. Antes, prefería gastarse hasta el último centavo en paquetes y rezar por que la diosa Fortuna le entregara esa difícil de Bochini. Cuando no tenía más remedio que negociar, mostraba tanto interés por obtener la figurita deseada que su amiguito lo dejaba "desplumado".

Resultados del test

Si sacó la mayoría de A, usted lleva los negocios en sus genes. Cuadra perfectamente con el empresario triunfador de Zaleznik. Usted es un estratega potencial, un hombre arriesgado y apasionado, un visionario con espíritu empresarial, alguien que ve una oportunidad hasta en los detalles más insignificantes. Usted sabe que el tiempo es dinero y que el dinero es el capital que le permitirá hacer nuevos negocios. En resumen, usted es un Bill Gates en potencia. No pierda tiempo en leer el final de este capítulo.

El negocio de su vida lo espera a la vuelta de la esquina. ¡Vaya a buscarlo!

Si sacó la mayoría de B, no se deprima. Usted también puede ser un empresario ganador. La visión de Zaleznik es sumamente polémica y no ha sido universalmente aceptada. Kelly Shaver, especialista en psicología del éxito empresarial, sostiene que no hay evidencia suficiente de que los emprendedores exitosos tengan cierto tipo de personalidad. Ella dice que, en muchos casos, nos hemos guiado por creencias falsas sobre la personalidad del ganador. ¡Hay empresarios muy exitosos que habrían contestado B a la mayoría de las preguntas! ¿Le suena George Soros? ¿Sabía que cuando era joven quería ser filósofo? ¿Qué le impide ser como él? ¿Quiere ser empresario? El mundo lo espera. Vaya y conquístelo.

Don Julio, de inmigrante a emprendedor, sin escalas

Don Julio llegó a la Argentina proveniente de Odesa. Había partido de aquella ciudad, situada a orillas del Mar Negro, recién comenzado el siglo XX. Buscaba, al igual que otros muchos jóvenes inmigrantes de diferentes latitudes, un lugar para vivir, y una vida para construir en él. Arrastrando historias de persecución y terror, desembarcó en un país sobre el que conocía muy poco. Llegó solo, con unos pocos ahorros y con escasas treinta palabras de castellano que había aprendido en su larga travesía. Desde Buenos Aires partió hacia el norte, buscando un pariente que alguna vez le había escrito sobre aquella tierra tan lejana y tan ajena. No fue fácil. Trabajo duro con perseverancia, observación y aprendizaje, apasionamiento y deseos de superación, lo llevaron de canillita a *cuentenik* (vendedor ambulante de ropa, relojes, artículos de bazar, juguetes, etc.), de cuentenik a comerciante, y de comerciante a empresario.

La historia abunda en casos como el de don Julio. Provenientes de la Rusia pre o post revolución, la España de la guerra civil, la Italia de entreguerras, o la Siria y el Líbano del ex Imperio Otomano, fundaron sus emprendimientos desde la nada. Se trata de un fenómeno observable en distintas sociedades y en distintas épocas.

Agostino Rocca, fundador de Techint, llegó a la Argentina con 10.000 pesos prestados por unos amigos. El fundador de Yahoo, Jerry Yang; Sergey Brin, de Google; el zar del acero, Andrew Carnegie, y el magnate australiano de los shoppings, Frank Lowy, son algunos de los casos más notorios. Todos arribaron a una nueva tierra casi sin nada. Y todos triunfaron en los negocios.

¿Su condición de inmigrantes pudo haber tenido influencia en su desempeño como entrepreneurs? En agosto de 2005, la canadiense Universidad de Victoria publicó *Immigration, entrepreneurship and the venture start-up process*, una investigación que analiza las relaciones entre inmigración y entrepreneurship.

Para empezar, una estadística: en los Estados Unidos, todas las etnias de inmigrantes (excepto los latinos) presentan una mayor tasa de empresarios que los estadounidenses nativos. Este dato llama la atención. ¿Por qué esta tendencia?

Los académicos no se ponen de acuerdo. Algunos alegan que la razón es cultural. En algunos países, la cultura del empresario se encuentra más arraigada. Así se comprendería que los inmigrantes provenientes de esas naciones opten por abrir su propia compañía cuando llegan a una tierra extraña. Sin embargo, ¿es razonable creer que el inmigrante chino en Estados Unidos viene de una cultura de entrepreneurship más poderosa que la del país que vio nacer a los capitanes de la industria?

Otra posible explicación radica en las dificultades de adaptación. El inmigrante generalmente desconoce el idioma y las costumbres locales. Conseguir empleo suele con-

129

vertirse en una odisea. Entonces, muchos acaban lanzándose a la iniciativa propia.

Pero, si es así, ¿cómo se explica que tantos consigan un sensacional éxito, como Yang, Carnegie y Lowy?

Retomemos los factores de éxito según Abraham Zaleznik: visión, inconformismo, apasionamiento y propensión al riesgo. Alguien como don Julio, que ante una situación adversa (persecución, hambre, guerra), toma la decisión de dejarlo todo, su ciudad, su gente y su cultura, para emprender un viaje a lo desconocido, buscando una nueva vida, quizás resume esos atributos: visión para anticiparse a lo que se viene, y proyectar el futuro en un entorno completamente diferente; inconformismo, para no resignarse a lo que le tocó en suerte; apasionamiento y coraje, para llevar una idea a la realidad, para subir a ese barco que lo depositará en tierras tan lejanas; y finalmente, propensión al riesgo, para asumir que el resultado puede ser un éxito o un fracaso, pero que aun así vale la pena intentarlo.

Acostándose y levantándose temprano
¿el hombre se vuelve saludable, rico y sabio?

Con unos ahorros que le había prestado su abuela, David Kinerberes había ingresado al desconocido negocio de los commodities. "Bajo margen, alta rotación, negocio dulce", repetía con insistencia. A los 50 años ya había ahorrado lo suficiente como para retirarse, pero su secreto residía en la permanencia y la constancia. Excelente criterio comercial y prolijo manejo de las finanzas hacían el resto. Un verdadero corredor de fondo.

Un empresario es aquel que funda y opera un negocio asumiendo, al menos en parte, los riesgos que conlleva su posible fracaso. Hasta aquí, existe el acuerdo. La cuestión se complica cuando intentamos definir las características psicológicas de este peculiar animal del capitalismo. Diversas teorías se han elaborado para esbozar algún perfil. En esta sección nos limitaremos al debate entre Schumpeter y los economistas neoclásicos.

La escuela neoclásica de economía se remonta a fines del siglo XIX, con los trabajos de William Jevons, Carl Menger, Alfred Marshall y Leon Walras, quienes fundaron la ciencia económica sobre los pilares de las preferencias racionales y la maximización de utilidad. Según este enfoque, el empresario es aquel que cumple con la función de coordinar, organizar y supervisar un negocio. El empresario adquiere diversos factores productivos (trabajo, capital y tierra) y los combina de una determinada manera para vender un producto que genere los ingresos suficientes para remunerar a los distintos factores y obtener un beneficio. Es un *homo economicus* que persigue su beneficio pecuniario particular. El empresario neoclásico puede asociarse con el burgués ordenado y racional que Max Weber describe en *La ética protestante y el espíritu del capitalismo*, encarnado en una célebre máxima de Benjamin Franklin: "Acostándose y levantándose temprano, un hombre se vuelve saludable, rico y sabio".

Joseph Schumpeter fue un eximio economista austríaco de la primera mitad del siglo XX que presentó un enfoque completamente novedoso basado en su teoría de los "ciclos de negocios". Su visión del empresario es opuesta a la neoclásica y se apoya sobre la innovación. En la *Teoría del desenvolvimiento económico* (1911), este famoso autor sugiere que los grandes hombres de negocios de la historia han sido realmente unos adelantados para su tiempo. El verdadero empresario es aquel que inventa un nuevo producto, proceso o mercado y así construye su fortuna. Schumpeter lo describe casi como un héroe, alguien que desafía a la costumbre, a las burlas, a los intereses creados, para perseguir su sueño. Su objetivo no es el beneficio, sino la aventura, la adrenalina de lanzarse hacia lo desconocido. Una vez alcanzada la meta, el empresario schumpeteriano es inmensamente rico. Pero se siente vacío...

Descubre que, en realidad, no era el dinero lo que le interesaba, sino la lucha, el camino hacia el éxito. Muchos casos de hombres de negocios exitosos parecen confirmarnos que este enfoque tiene, al menos, algo de sentido. Si solo se moviera por el afán de lucro, no se entendería por qué Bill Gates, con sus más de 50.000 millones de dólares, declaró en 2005 que nunca había faltado al trabajo desde 1975. Otro caso es el de William Randolph Hearst, el magnate norteamericano de los medios, quien murió triste y solo en su mansión.

En definitiva, el debate sobre la esencia del empresario debe tener en cuenta la época que le toca vivir, las costumbres, los valores vigentes y, por qué no, el carácter de cada individuo. ¿Es el empresario un corredor de fondo que busca pacientemente alcanzar su objetivo para luego conservarlo? ¿O es un infatigable guerrero que solo vive para la lucha? Posiblemente no exista una única respuesta. La variedad que se nos presenta es demasiado amplia como para reducirse a una simple taxonomía. La respuesta solo puede ser individual y válida para cada uno. Ahora, pregúntese por qué trabaja usted.

Empresario modelo

Enrique estaba realmente entusiasmado. Recién llegado de sus vacaciones en Punta del Este, decía "impresionante" cada diez palabras. "Nunca vi tanta gente rica concentrada en tan poco espacio. Los yates..., qué yates, uno más impresionante que el otro; y las casas..., qué casas, qué parques, qué vistas, qué diseños, una más linda que la otra. José Ignacio, las mansiones, impresionantes… Los coches importados, las motos, la ropa, impresionantes…" Pero esa vehemencia que le despertaban los bienes de lujo, rápidamente se convirtió en desesperanza: "Estoy perdiendo el tiempo, me parece que el recorrido para alcanzar todo eso es otro", concluyó.

Mientras escuchaba a Enrique, recordé lo ocurrido en España a finales de los '80, cuando el modelo de empresarios devenidos en muy poco tiempo en millonarios XL se convirtió en la máxima aspiración de miles de jóvenes que veían en la tele o leían en las revistas un recorrido fácil, rápido y accesible hacia esa vida *impresionante*. El final es conocido: prisión, frustración y… ¿aprendizaje?

En algún momento, todo fue de maravilla para Mario Conde. Con solo 37 años, este abogado fue elegido presidente del Banco Español de Crédito (Banesto). Típico representante de la generación yuppie, vestía trajes italianos y descollaba en las charlas de salón. A Conde le gustaba aparecer en las revistas del corazón y juntarse con figuras del jet set. Todos los jóvenes querían imitarlo.

A fines de los '80, Javier de la Rosa encabezaba el grupo KIO y coordinaba inversiones en España por parte de jeques árabes enriquecidos por el petróleo. En sus tiempos de gloria, este zar de las finanzas ganaba unos 300 millones de dólares por año. Así como sabía obtenerlos, también sabía gastarlos. Celebraba fiestas de cumpleaños de 200.000 dólares donde los invitados degustaban caviar beluga a grandes cucharadas. Coleccionista de relojes, llegó a comprar piezas de hasta 3 millones de dólares y poseía un yate valuado en 20 millones que usaba para llevar a sus amigos a torneos de golf en Montecarlo.

¿Qué tienen en común estos empresarios (además de su afición a la buena vida)?

El panorama de Mario Conde comenzó a oscurecerse por un megafraude contable que casi llevó a Banesto a la quiebra. Terminó en prisión y hoy está agobiado por millonarias deudas.

Para Javier de la Rosa, los problemas legales empezaron en 1994, cuando se lo acusó de fraude en el fondo de inversión Grand Tibidabo. Desde entonces, estuvo dos veces en la cárcel, y pasó buena parte de sus días visitando tribunales por innumerables causas penales (entre otras, evasión fiscal y estafas a los inversores del Emirato de Kuwait). Durante 2006, recibió una nueva condena de cinco años por desviar 410 millones de dólares del Grupo Torras hacia su propia cuenta y las de unos socios en lo que se conoció como operaciones "Pincinco" y "Oakthorn".

De la Rosa pasó de llevar una vida fastuosa en España a llorar ante el juez para que no lo enviara a prisión. Tuvo que vender su millonario yate y abandonar su afición por los autos de lujo para desplazarse por Barcelona a bordo de un Seat 131. De los 23 integrantes de su custodia privada en los tiempos de gloria, hoy solo quedan dos. De la Rosa dice que toda su fortuna está hipotecada. Pero otros sospechan que se encuentra a buen resguardo en paraísos fiscales y que toda la supuesta austeridad es solo una fachada.

¿En qué habrá estado pensando Enrique?

La discusión por supuesto que no es "yate sí o yate no". La discusión es sobre el cómo, y sobre el "ejemplo" a seguir: el empresario célebre por haber tenido una idea, por haberla llevado a cabo, por haber invertido con riesgo, y por haber creado puestos de trabajo a partir de entonces, versus el empresario célebre por haber encontrado un atajo, a lo Conde o a lo De la Rosa.

Ambos podrían estar leyendo el mismo best-seller del verano en su yate, pero Enrique debería sentirse atraído por uno solo de ellos.

Cuidado con el colesterol… de su empresa

Ignacio Blanes, CEO de una compañía de servicios, era de aquellos que aman la "buena vida". Desayunaba con huevo frito, almorzaba con carne al horno y cuatro o cinco veces por semana cenaba con una parrillada bien provista de chorizo, morcilla y achuras varias. Él sabía que no llevaba un estilo de vida precisamente sano. Pero su filosofía era: "Si no disfruto ahora, ¿cuándo?". Y así vivió durante años.

Hasta que un día, su médico le advirtió: "Usted tiene el colesterol por las nubes. A partir de ahora, seguirá una dieta estricta. Nada de carne, nada de frituras. Ensalada todos los días". "¿Nunca más podré comer una parrillada?", tembló Ignacio. "Nunca más. Si no me hace caso, podría sufrir un infarto. Si se hubiera preocupado antes por su colesterol, no habríamos llegado a esta situación. Esto pasa por preocuparse por los pequeños placeres inmediatos en vez de pensar en su salud, que es lo que importa a la larga."

Minutos más tarde, Ignacio se marchó pensativo del consultorio. ¡La advertencia del médico había dado en el clavo! El día anterior, había recortado el presupuesto de inversiones estratégicas para alcanzar sus objetivos cuatrimestrales de beneficios, en un intento por calmar los ánimos de los accionistas.

El ciclo de vida de una empresa es como el de una persona. Una compañía nace, crece, se estabiliza... y finalmente muere. Los pequeños placeres cotidianos de Ignacio tuvieron graves efectos en el largo plazo. Del mismo modo, una empresa puede ostentar altas ganancias presentes pero estar padeciendo una grave enfermedad que causará muchos dolores futuros si no se la atiende a tiempo. Traduciendo al léxico del management, no son las cifras de ganancias de corto plazo las que miden la salud de una compañía, sino su posición estratégica de largo plazo, la capacidad de generar valor de manera sostenible en el tiempo.

De acuerdo con una encuesta del National Bureau of Economic Research[1], en 2004 el 80% de los ejecutivos

---

1. Christopher Polk y Paola Sapienza, en http://www.nber.org/img/wp_icons/pdf.gif

afirmaban estar dispuestos a reducir gastos en I+D y marketing para cumplir con sus objetivos de ganancias de corto plazo. ¿El resultado? Una destrucción de valor en el largo plazo y un riesgo para la sustentabilidad de la compañía.

Sin embargo, no es tan sencillo. Imagine que usted, CEO de una corporación, un buen día les dice a los accionistas: "He decidido implementar una nueva estrategia para robustecer nuestra posición futura en base a un agresivo plan de innovación. Debido a la enorme magnitud de recursos que movilizaremos, la compañía no pagará dividendos por los próximos diez años". ¿Usted se imagina la cara de los accionistas? ¿Cuánto tardarán en pedir su cabeza?

Es decir, tampoco es conveniente adoptar una perspectiva ingenua. Los accionistas existen. Y quieren dividendos. Por lo tanto, la clave debe consistir en armonizar los dos objetivos. ¿Cómo obtener buenos resultados de corto plazo sin poner en riesgo la salud de la empresa?

La prestigiosa revista de negocios *The McKinsey Quarterly* brinda una serie de consejos para usted, un CEO responsable que se preocupa por sus accionistas sin descuidar la buena salud de la corporación.

Estrategia

Construya la estrategia corporativa en base a un portfolio de proyectos que incluyan diferentes horizontes de tiempo. Ciertas iniciativas deben apuntar a mejorar la performance de corto plazo mientras que otras deben concentrarse en el crecimiento de largo plazo, creando opciones futuras, como nuevos productos y procesos.

Sistema de medición

Un asunto que muchas veces se da por obvio (pero no lo es tanto) es el sistema de indicadores que utiliza una empresa para medir su rendimiento. Preste mucha atención. ¡Este es un punto fundamental! Si usted desarrolla proyectos con horizontes de tiempo distintos, debe ser capaz de medir cómo está funcionando cada uno de ellos. Si no puede generar esta información, olvídese de armonizar sus objetivos de corto y largo plazo.

Comunicaciones

Fomente un diálogo fluido con los accionistas. No les tema. Investigue cuáles están más predispuestos a sostenerlo en una estrategia de largo plazo, e intente atraerlos. Aléjese de los fondos especulativos que solo buscan resultados inmediatos. Busque inversores pacientes y explíqueles su estrategia. Hágales entender por qué sacrificar un pequeño ingreso de corto plazo los beneficiará enormemente en el largo. Sea comunicativo. Ellos saben escuchar. ¡Pero solo lo harán si les habla!

Liderazgo

Recuerde que toda estrategia de crecimiento requiere tiempo así como ciertas virtudes que tal vez no sean las mismas que funcionaron en el pasado. Usted necesitará ejecutivos motivados y comprometidos con la estrategia. Busque talentos y fórmelos dentro de la empresa. No deje que se le vayan los jóvenes prometedores. No olvide que una corporación es su gente, no sus máquinas. Y los jóvenes son el futuro de la compañía.

Piense en el largo plazo sin olvidarse del corto. Recuerde la experiencia de Ignacio. No es necesario que se prive de todos los pequeños placeres de la vida para cuidar su salud. La corporación también tiene compromisos urgentes que cumplir. Pero, ante todo, no se deje estar. Mejor bajar voluntariamente el colesterol antes de que sea tarde. Si una corporación no toma medidas en un tiempo razonable, es muy probable que el curso de los acontecimientos la obligue en el futuro. ¿El resultado final? Un achicamiento repentino. Actúe con tiempo, no espere a que el colesterol de la imprevisión haya tapado casi por completo las arterias de su empresa.

Empresa forestal, líder mundial en telefonía celular

¿Cómo llega una empresa forestal a convertirse en líder mundial de la telefonía celular? ¿Cómo se produce este fenomenal cambio desde el antiguo dinosaurio hasta una empresa dinámica en la frontera de la innovación?

Nokia tiene casi un siglo y medio de trayectoria. En sus comienzos, no vendía glamorosos celulares sino productos más pedestres: papel higiénico y otros derivados de la madera. Hasta la década de los '80, era una empresa importante en Finlandia aunque completamente intrascendente en el concierto internacional de los negocios. En 1990, el directorio aprobó una reorientación de la estrategia hacia el prometedor mercado de los teléfonos celulares. En 1998, ya se había transformado en número uno del sector.

Su caso es uno de los más exitosos de la historia sobre cambio organizacional.

Según el estudio *Bringing that Great Growth Strategy to Life* de la prestigiosa consultora global Mercer, la mayoría de las empresas que adoptan una estrategia de crecimiento, dedican todas sus energías a desarrollar nuevos productos y abrir mercados. Esto es, sin dudas, importante. De eso se trata el crecimiento. No obstante, estas compañías suelen dejar para el final a las personas.

Los tiempos de reorientación estratégica no son particularmente tranquilos en la vida corporativa. Muchas personas temen por su empleo, algunos procuran bloquear el

138

proceso de transformación, y en ocasiones surgen cuellos de botella en la toma de decisiones y caos en el desarrollo.

Esto es tan válido para Nokia como para una pequeña start-up de quince personas que pretende embarcarse en un nuevo proyecto de gran envergadura.

Según el estudio de Mercer, sin un método consciente de cambio organizacional que acompañe la estrategia de crecimiento, es probable que la totalidad de la estrategia acabe en la ruina.

La transformación no debería considerarse como un problema a tratar cuando se haya llegado al objetivo, sino formar parte de la misma estrategia de crecimiento. Esto es lo que Jorma Ollila, el célebre CEO de Nokia, comprendió a la perfección. Hacia comienzos de los '90, cuando asumió el cargo, él sabía que no sería sencillo transformar una empresa forestal en una tecnológica, pero lo consiguió.

Sin embargo, tener claridad sobre lo que se debe hacer, no es suficiente. Hasta la estrategia mejor diseñada puede fracasar cuando se carece de liderazgo para ponerla en práctica y superar las fricciones. Un proceso masivo de cambio organizacional es comparable con la reforma política de una nación. El liderazgo no es un concepto abstracto: es imposible pensar en las transformaciones de determinados países, sin asociarlas a nombres concretos. Lo mismo ocurre en el mundo corporativo. La capacidad de negociación y de comunicación, la convicción, la determinación, el coraje, son necesarios para conducir un proceso de cambio, para movilizar a las personas de una organización hacia la nueva dirección, para mostrar a los ejecutivos adónde deben llegar sin que eso implique escoger el camino por ellos. Eso es lo que hacen los líderes. Entender que las personas lo son todo; brindar confianza y dirección. Eso es lo que hizo Ollila.

Cuando el desafío es llevar el cambio adelante, encontrar a la persona que lo haga es la clave.

Entre el cielo y el infierno: la empresa familiar

Algunas de las más exitosas compañías encuentran sus raíces en la familia: Wal-Mart, Home Depot, Heinz, Black & Decker, Hewlett-Packard y Time Warner, Techint, Coto, Perez Companc, el holding Macri (SOCMA), Nordelta, Comercial del Plata, Grupo Bemberg... Firmas de peso, con nombres famosos, en las que la figura del fundador o un descendiente se identifica y hasta se confunde con la propia empresa. Un tercio de las 500 mayores corporaciones mundiales según el índice de Standard & Poor's son empresas con raíces familiares. La consultora American Management Services afirma que entre el 80 y el 90 por ciento de las empresas de los Estados Unidos, que generan un 40 por ciento del PBI y un 60 por ciento de los puestos de trabajo del país, son familiares. ¿Por qué proliferan estas compañías en un mundo económico regido por estándares de eficiencia y rentabilidad?

Sin dudas, la respuesta es que muchas son eficientes y rentables. Una reciente investigación de los profesores Raphael Amit (Wharton) y Belen Villalonga (Harvard), titulada *¿Cómo afecta la propiedad, el control y el management familiar al valor de la empresa?*, sugiere que el desempeño de las empresas familiares es superior al de las no familiares, "cuando el fundador o descendiente está involucrado en la compañía". Analizando las 500 compañías líderes del ranking de la revista *Fortune* entre 1994 y 2000, estos investigadores hallaron que las firmas familiares gozaban de un crecimiento de las ventas de 19,6 por ciento contra 13,8 por ciento de las no familiares, mientras que los retornos sobre activos de las primeras alcanzaban el 11,6 por ciento versus el 10,9 por ciento de las segundas.

Pero, ¿cómo se comprende que firmas sustentadas en una institución tan básica como la familia superen el rendimiento de agresivas corporaciones ultracompetitivas?

Según Amit y Villalonga, el mejor desempeño se explica por la inexistencia de conflictos sobre cuestiones de rentabilidad, honorarios y gobierno societario entre el management y los accionistas, "al unificarse las figuras del manager y del dueño". Las empresas familiares se benefician por una comunicación fluida entre directivos y una rápida toma de decisiones, y evitan las trabas burocráticas que suelen afectar a las compañías no familiares. Cuando el fundador sigue a la cabeza, las decisiones se adoptan velozmente sin tediosas reuniones de directorio. Todos reconocen su autoridad. A nadie debe rendir cuentas más que a él mismo.

En segundo término, la lealtad hacia la compañía suele darse naturalmente. Los hijos del fundador se instruyen casi desde la cuna sobre los asuntos de la firma y adquieren un entusiasmo que excede lo estrictamente económico. Ellos saben que es *su* empresa y cuentan con los mejores incentivos por servir lo mejor posible a los objetivos organizacionales. Asimismo, los fundadores, en lugar de desesperarse por retirar dividendos, suelen reinvertir buena parte de los beneficios para legar una compañía sana a sus descendientes.

Sin embargo, no todo es color de rosa. Las ventajas de la propiedad familiar pueden diluirse a causa de su mayor propensión a adoptar prácticas erróneas de gobierno corporativo. Estas compañías tienden a fracasar en la confección de una estrategia de negocios moderna y efectiva. La mayor flexibilidad para tomar decisiones de la que goza el fundador puede convertirse en una navaja de doble filo. Guiado por su exitosa experiencia pasada, habitualmente confía más en su intuición que en el asesoramiento de especialistas y consultores externos. En algunos casos, esto puede dar buenos resultados. Sin embargo, en un mundo cada vez más competitivo, también puede representar un serio riesgo frente a adversarios ultraprofesionalizados.

Un segundo elemento que tiende a afectar el desempeño radica en un sistema de selección de personal poco transparente y reñido con la eficiencia. El mecanismo de reclutamiento en las grandes corporaciones no familiares se delega a consultoras especializadas de recursos humanos. Sin embargo, en las compañías familiares a veces ocurre que, por compromisos extralaborales, la compañía recluta a algún primo "sin demasiadas luces" que andaba desempleado. Sin dudas, el difuso límite entre familia y empresa es un factor de gran peso en el desempeño. En las empresas familiares, los conflictos personales muchas veces se trasladan a la empresa. Peleas personales, infidelidades o divorcios pueden llegar a destruirla.

Por último, tal vez el desafío más serio que debe enfrentar toda empresa familiar es el establecimiento de la sucesión en el liderazgo. Un estudio de la Universidad de North Carolina sostiene que solo un 30 por ciento de estas compañías sobreviven luego del retiro de su fundador. Y, de cada diez, solo una llega hasta sus nietos. La mayor parte de los dilemas sucesorios pueden atenuarse a través de una planificación adecuada. Jack Welch, presidente de General Electric, comenzó a diseñar en 1994 un plan de sucesión que garantizara el cumplimiento de los objetivos corporativos una vez que él abandonara su cargo. Solo se retiró definitivamente en 2001, tras asegurarse de que la corporación se encontraba en manos de un sucesor idóneo.

El desafío es aprovechar lo bueno: flexibilidad, lealtad, y sentido de pertenencia; sin embargo, el hecho de que solo el 10% de empresas familiares llegan hasta los nietos nos da una contundente advertencia: los parientes no se eligen, los socios sí.

Cuando el instinto metió la cola

El empresario norteamericano Howard Hughes, a quien Martin Scorsese retrató en su film *El aviador*, ha invertido millones en una película. Cuando el estreno está próximo, Hughes anuncia: "Esta película es una porquería. Hay que rodarla de nuevo". "Usted está loco", le dicen sus asesores, "No tiene suficiente dinero para volver a filmarla. Tendrá que endeudarse. Y lo perderá todo". "No me importa", replica el intrépido empresario, "la película será perfecta aunque me quede en la calle".

El inefable Donald Trump había comprado unos terrenos en Nueva York. Amigos y asesores le decían que era un lugar ideal para un complejo residencial. ¿Qué hizo Trump? Edificios de oficinas. Un sensacional negocio.

Se cuenta que en una ocasión, el magnate hotelero Conrad Hilton planeaba comprar una propiedad en una subasta a sobre cerrado. Hilton estimó el valor de la propiedad en 159.000 dólares. La noche previa a concretar la oferta, en un sueño "sintió" que valía la pena pagar 174.000. Finalmente ofertó esa suma y ganó la subasta. La siguiente oferta era de 173.000 dólares. Un tiempo después, Conrad revendió la propiedad en varios millones.

El magnate británico Richard Branson declaró en una entrevista: "En los '80, mi instinto me dijo que podía crear una aerolínea a mi gusto. Entonces, compré un 747 de segunda mano y probé". Así nació Virgin Atlantic. En 1999, Branson vendió el 49% de la empresa en unos 600 millones de libras esterlinas. Este excéntrico empresario alguna vez dijo que nunca consulta con sus contadores a la hora de comenzar un negocio. Su intuición le dicta los pasos a seguir.

George Soros es otro hombre de negocios que confía en su instinto. En su libro *Soros on Soros* reconoció que, en una ocasión, un dolor de espalda fue la señal que le indicó que debía modificar la distribución de su portafolio. Ganó millones.

143

En 1980, cuando a Ted Turner se le ocurrió fundar CNN, sus asesores le dijeron que estaba loco: "¿A quién puede interesarle ver noticias a las tres de la mañana?". El resultado de esta locura es conocido por todos.

Muchos de los hombres de negocios más exitosos de todos los tiempos confiaron en su instinto a la hora de tomar decisiones. Así lo admiten también el 45 por ciento de los ejecutivos entrevistados para el estudio "Don't trust your gut", de la *Harvard Business Review*, que agregan que muchas de ellas fueron irracionales, casi místicas. ¿Significa esto que debemos tirar la razón y el planeamiento estratégico a la basura?

No, puesto que esta es solo una parte de la historia. Cuando la gente elogia la visión intuitiva de Soros, olvida mencionar que ese mismo instinto le hizo perder una fortuna especulando con bonos rusos a fines de los '90 y muchos millones más con el estallido de la burbuja puntocom.

Michael Eisner, de Disney, es alabado por su capacidad para saber instintivamente cuándo una película será un éxito. Sin embargo, pocos dicen que fue también el responsable de decidir la instalación de Euro Disney, un pésimo negocio para la compañía.

El estudio de Harvard considera que el empresario aventurero que decide por instinto es, en realidad, un mito. Cuando tiene éxito, dice, la palabra adecuada no es genio, sino "suerte".

Sin embargo, hay un tipo de conocimiento que no sigue un camino racional para su construcción y por lo tanto no puede explicarse. Podemos relacionar ese conocimiento con experiencias previas y suele presentarse más como una serie de reacciones emotivas repentinas, o sensaciones, que como pensamiento abstracto. No es tan relevante el nombre que identifique este tipo de conocimiento: instinto, intuición, corazonada. Sí lo es, en cambio, que nos ayude a encontrar una explicación más estimulante para estos originales éxitos. Arriesguemos una: ni mito, ni suerte, sino, como en el arte, inspiración.

V.
LO BUENO, LO MALO,
LO LINDO Y LO FEO
(O UN POCO DE CADA)

V.1. Para Aristóteles o para Perón, la única verdad es la realidad

RSE, entre el ser y el parecer

Cada día más, las empresas pretenden desempeñar un papel activo en la sociedad, más allá de su tradicional función de proveedoras de bienes y servicios. Antes, solo se preocupaban por los beneficios. Hoy, también pretenden mejorar la sociedad donde viven sus clientes y empleados. El fenómeno es tan importante, que incluso ha dado origen en la Argentina a un centro, el Instituto Argentino de Responsabilidad Social Empresaria (IARSE), que "ofrece una serie de actividades y servicios tendientes a ayudar a las empresas a comprender e incorporar el concepto de Responsabilidad Social Empresaria, movilizándolas a la implementación de políticas y prácticas que atiendan elevados criterios éticos".

¿A qué se debe todo esto? ¿Los ejecutivos y empresarios se han vuelto de pronto más generosos? ¿Qué hay detrás de la RSE? Sin dudas, muchas compañías ejecutan políticas de "responsabilidad social empresaria" en un sincero intento de asistir a los sectores desprotegidos. Pero otras solo adoptan estas iniciativas como campañas de imagen corporativa, sin otro objetivo que el de ganarse la simpatía del segmento de consumidores preocupados por la difícil situación social que vive el país. Para estas empresas, la RSE figura apenas como una variable entre otras dentro del esquema de planeamiento estratégico. "Lo que importa no es ser sino parecer" es su lema.

"Sin embargo", dirá alguno, "¿por qué fijar la vista en la verdadera intención de la empresa? ¡Qué importa que sea una burda maniobra de imagen, mientras le asegure al pobre chico comida o útiles escolares!". Sin dudas, una empresa no tiene el deber legal de realizar acciones de RSE. En este sentido, toda ayuda que desee brindar es positiva, por más oscuros que sean sus motivos. Es cierto: gracias a una "RSE trucha", donde antes había una mesa vacía ahora hay un plato de sopa (aunque se gasten varios millones en "spots" televisivos para promocionar esos miles de pesos destinados a iniciativas sociales).

No nos desviemos de la cuestión. No es función de la empresa sino del Estado asistir a los sectores más humildes. Y, para cumplir con este cometido, necesita recaudar impuestos. Aquí está la verdadera prueba de la responsabilidad social de la empresa, su aporte para que el Estado pueda combatir la pobreza. Si usted se encuentra ante una corporación que paga todos sus impuestos y, además, realiza RSE, aplauda. Pero si usted está ante una firma que evade 20 millones de pesos y destina 100.000 a mantener un par de comedores infantiles, pregúntese: "¿A esta empresa le importa la comunidad?".

El Copenhagen Center, un think tank fundado por el gobierno de Dinamarca para estudiar el aumento del interés mundial por la RSE, presenta un argumento habitualmente esgrimido por los sectores liberales: el RSE nace justamente como una iniciativa corporativa por resolver problemas sociales donde fracasan las regulaciones públicas. Es decir, si el Estado es incapaz de resolver la pobreza, ¿es tan malo que una empresa con sensibilidad social evada impuestos para destinar esos fondos a la solución de problemas sociales? En algunos casos ¿no podría ser ético violar la ley con un fin noble?

Es posible que este razonamiento tranquilice unas cuantas conciencias; sin embargo, en un sistema democrático las leyes son la expresión de la voluntad de un pueblo que elige a sus representantes en elecciones libres. Por lo tanto, al menos en un Estado de derecho, una RSE auténtica no debe considerar a "ley" y "ética" como dos términos antagónicos. La RSE presupone un elevado compromiso con la ley. Y eso es verdaderamente ético.

¿Mejor que decir es hacer?

Un buen día en la Argentina, todos comenzamos a hablar de las papeleras de Fray Bentos. Una empresa finlandesa y otra española se convirtieron en el eje de un conflicto cuya intensidad fue creciendo… Muchos actores en escena: vecinos, ambientalistas, gobiernos, organismos internacionales, técnicos, monopólicas empresas de transporte fluvial, camioneros… Muchos intereses en juego: cargos públicos electivos, turismo esteño, inversiones, generación de empleo, preservación del medio ambiente…

Frente a la hostilidad de la opinión pública argentina, la española ENCE publicó un comunicado en los diarios: "La planta de celulosa utilizará un proceso industrial compatible con el total respeto del medio ambiente". Por su parte, la finlandesa Botnia envió al jefe del área eléctrica de la planta a enfrentar a los medios para asegurar que la papelera cumple con todos los requisitos de preservación del ambiente. Dos técnicas para resolver un mismo conflicto… Dos decisiones tomadas desde sendos departamentos de relaciones públicas…

Desde sus tímidos comienzos a principios del siglo XX, cuando aún no había una distinción tajante entre propaganda política y relaciones públicas, la disciplina fue creciendo y refinándose. Hoy, ya resulta casi inconcebible una gran empresa sin un departamento de comunicación o relaciones institucionales.

Según el Ministerio de Trabajo de los Estados Unidos, en 2002 ese país ya contaba con unos 158.000 especialistas en comunicación institucional. Y se espera un crecimiento superior al del promedio de las ocupaciones. Pero, ¿en qué consiste exactamente esta disciplina que cada vez gana mayor influencia en la vida corporativa?

Las corporaciones son sumamente complejas. Clientes, proveedores, accionistas, funcionarios gubernamentales... No es mala idea conocerlos y establecer vías de comunicación fluidas con ellos. Como establece la Public Relations Society of America, el departamento de relaciones públicas tiene la tarea de comunicar a la sociedad los objetivos organizacionales, es el canal oficial de comunicación entre la empresa y su entorno. La tarea no es sencilla. Un buen relacionista debe contar con conocimientos de retórica, psicología, sociología, economía, ciencias políticas, management y ética.

Esta última palabra es fundamental. El *PR Watch*, una publicación del Center for Media and Democracy de los Estados Unidos, se ocupa de denunciar las prácticas de relaciones públicas que apuntan a confundir y manipular a la opinión. Por ejemplo, empresas que pactan con medios de comunicación para que publiquen noticias favorables, publicidades engañosas, CEOs que se reúnen a medianoche con los políticos... Desde su fundación en 1994, el *PR Watch* ha acusado a tabacaleras, agroalimentarias, petroleras, restaurantes de comidas rápidas y muchas otras empresas por emplear con deslealtad su departamento de comunicación institucional.

A causa de algunos tristes casos, muchos asocian esta actividad con la manipulación de la opinión para favorecer los intereses de inescrupulosas corporaciones. Pero, así como los turbios manejos de los auditores de Enron no implica que todos los contadores sean estafadores, las acciones de unos pocos relacionistas cínicos no deberían manchar el buen nombre de una actividad que no es buena ni mala en sí misma.

Es importante para la sociedad conocer lo que se hace en una organización. Sus actos reflejan su cultura y su talante. Las relaciones públicas construyen el puente entre la empresa y la sociedad de la que forma parte. Tenemos sobradas muestras de que existe una gran zona gris en la forma de comunicar: en lo que se dice y en cómo se dice. Es posible que una mirada como la que aporta el *PR Watch* refuerce el compromiso ético de las compañías en su comunicación con la sociedad.

Un poco más de hipocresía, ahora desde el consumidor

Imaginemos que esta fuera la pregunta de una encuesta: "¿Visita usted sitios de sexo en Internet?", con las siguientes opciones:

1. Sí, frecuentemente (6 horas o más por semana).
2. Sí, esporádicamente (menos de 6 horas por semana).
3. Nunca.

¿Qué cree que contestaría la mayoría?

Exacto: buena parte de la actividad se realiza en las sombras y escapa a las estadísticas oficiales. Por eso es difícil saber cuánto dinero mueve hoy el negocio del sexo. Una investigación de *TopTenReviews* arroja las siguientes cifras: la facturación global asciende a 57 mil millones de dólares anuales, la mayor parte en videos para adultos (20 mil millones), prostitución (11 mil millones), revistas (7.500 millones) y cabarets (5 mil millones).

El fenómeno no es más que la continuación de un negocio tan viejo como el hombre.

La prostitución, actividad perfectamente reglamentada en algunas sociedades de nuestra época y penada hasta con la muerte en otras, ya era común en el pueblo de Israel de la antigüedad (aunque estuviera castigada por la ley mosaica). En la Grecia del siglo V antes de Cristo, los servicios de una prostituta promedio costaban alrededor de un óbolo, el equivalente al salario diario de un trabajador.

San Agustín de Hipona, uno de los padres de la Iglesia Católica, en la Alta Edad Media dijo: "Apartad a las prostitutas de la vida humana y llenaréis el mundo de lujuria". Las "zonas rojas" tampoco son una gran innovación. Muchas ciudades medievales establecían espacios especiales para la oferta pública de sexo.

Es cierto, es un negocio que peina canas. Sin embargo, solo durante el siglo XX, los avances tecnológicos le han otorgado un carácter verdaderamente masivo. En la década de los años '20, los videos pornográficos eran entretenimiento habitual en los cabarets. En los '70, el aligeramiento de restricciones legales en los Estados Unidos generó un boom de sex shops y cines XXX. En los '80, la masificación de las videocaseteras dio un nuevo impulso al negocio de las películas porno.

En este marco, la irrupción de Internet revolucionó el negocio de la pornografía. Los usuarios ya no necesitan pedir avergonzados un título XXX a la chica del videoclub. Ahora, cualquiera puede bajar lo que necesita directamente de la web, a salvo de miradas indiscretas. Se estima que existen unos 4,2 millones de websites pornográficos (el 12% del total) y que *el 25% de las consultas en los buscadores están relacionadas con el sexo.*

La prostitución sintió el impacto de la tecnología. El famoso rubro 59 tiene cada vez menos lectores. Y las zonas rojas también perdieron parte de su atractivo en estos tiempos posmodernos donde puede entrarse a un website que ofrece mujeres *à la carte.*

En el artículo "Fantasías online vs. encuentros de verdad", la periodista Lucía Bertotto nos pinta el cuadro: ingresando la palabra "sexo" en Google, se obtienen más de *70 millones de sitios*; sex shop devuelve casi *100 millones*; "Márquese", un portal español de contenido adulto, recibe unas *250.000 visitas por día* (tal vez, si usted hace la prueba, los resultados sean mucho mayores, la cantidad crece día a día). Ahora, el último grito de la moda es el cibersexo, o sexo vía chat.

Llegados a este punto, qué mejor cierre que explorar la concepción materialista de la historia. Marx y aquel marco conceptual, nos darían una buena pista de lo que puede estar pasando en nuestros días.

Sin embargo, la tentación de especular sobre el resultado de la encuesta propuesta más arriba es más fuerte.

¿Es la respuesta 3 consistente con las cifras que hemos visto?

Definitivamente, *no*.

¿Entonces?

Sigo especulando: hay algunas cuestiones que *avergüenzan*.

¿A quién votó usted en 1995?

Los carteles no existen, pero que los hay…

"Es una barbaridad cómo aumentó la carne", me dijo el otro día Nelly, mi madre. "Sin dudas los productores están restringiendo la competencia." En la vorágine del día a día, pocos se han planteado en qué consiste exactamente este tipo de acciones empresariales, prácticamente tan antiguas como el hombre mismo. Ya en la Edad Media, los artesanos acostumbraban organizarse en gremios para impedir la entrada de nuevos competidores al mercado y mantener así unos precios artificialmente altos. Incluso los Estados de comienzos de la era moderna habían creado monopolios legales para proteger el comercio con las colonias. Adam Smith ya había advertido el riesgo del monopolio en 1776, año de publicación de su monumental obra *La riqueza de las naciones*.

¿Cuál es exactamente el riesgo que representan los monopolios y oligopolios? ¿Por qué infunden semejante temor?

153

Básicamente porque al controlar buena parte del mercado, tienen la capacidad de fijar un volumen de producción que maximice los beneficios a expensas del bolsillo de los consumidores. "Produzco menos y lo vendo más caro" es su lema. No hay ningún misterio al respecto.

Esta característica de los mercados altamente concentrados suscitó la preocupación gubernamental en los primeros tiempos del capitalismo monopólico de fines del siglo XIX. En 1887, los Estados Unidos fundaron un organismo regulatorio para los ferrocarriles. En 1890, la ley Sherman fijó los primeros controles sobre las corporaciones que pretendían abusar de su poder de mercado para obtener ganancias extraordinarias. La Standard Oil de Rockefeller fue la primera víctima célebre de las nuevas regulaciones antitrust. A principios del siglo XX, el gobierno norteamericano creó la Federal Trade Commission (FTC) con el objeto de "prevenir la supresión ilegal de la competencia". Este organismo ha buscado preservar la competencia en los Estados Unidos a lo largo de todo ese siglo. El juicio contra Microsoft, iniciado en 1998, es tal vez el más famoso de nuestros tiempos.

¿Son deseables las leyes antitrust? No todos están de acuerdo. El ex señor de las finanzas recientemente jubilado Alan Greenspan escribió en su ensayo *Antitrust* que la regulación de la competencia desalienta a los hombres de negocios de ser productivos para la sociedad. Por temor a ser penados, muchos se abstienen de crear nuevos productos y procesos. Del mismo modo, se desincentivan las fusiones ahorradoras de costos. No obstante, la mayoría de los Estados han asumido el fomento de la competencia como una función indelegable. En la Argentina, por ejemplo, la Comisión Nacional de Defensa de la Competencia se encarga de velar sobre los monopolios, siguiendo los lineamientos de la ley 25.156 que prohíbe aquellas "concentraciones económicas cuyo objeto o efecto sea o pueda ser restringir o distorsionar la competencia, de modo que pueda resultar perjuicio para el interés económico general". La ley contiene una variedad de definiciones como "concentración horizontal y vertical", "poder de mercado", "oligopolio", "monopolio", "mercado relevante", "barreras a la entrada" y otros términos técnicos. En este sentido, se encuentra al nivel de las leyes antitrust de los países más avanzados.

La cartelización tiene historia. Y esa historia atraviesa distintas épocas, países, e ideologías. Los efectos negativos de la concentración, también. El privilegio de unos pocos sobre el interés de la mayoría puede y debe ser contrarrestado desde la objetividad. Y para ello, en la Argentina, como en los Estados Unidos de fines del siglo XIX, la clave es la Ley.

V.2. Buenos negocios
(para la sociedad)

Yunus, el banquero de los pobres

"No me enseñaron a entender la iniciativa personal. Me enseñaron, como a todos los estudiantes de Ciencias Económicas, a creer que toda la gente, a medida que va creciendo, debe prepararse para conseguir empleo en el mercado laboral...." Suscribo cada una de las palabras pronunciadas en 1997 por Muhammad Yunus en la Fundación Stromme de Noruega.

Creo que detrás de ese monumental emprendimiento que fue la creación del Banco Grameen en 1984, existe una casi perfecta combinación de factores empresariales, muy difíciles de encontrar juntos: el mundo de las *ideas* –cómo surgen y cómo se favorece la creatividad y la imaginación–; el lugar del *liderazgo* y la capacidad de convencer, seducir y perseverar; la forma conferida a la *organización*; estructuras necesarias para implementar aquellas brillantes ideas; el imprescindible *compromiso social*, aporte de valor real a la comunidad y, finalmente, la *adaptación*. No es posible tomar los conceptos aprendidos y aplicarlos sin mirar lo que está pasando alrededor.

En 1969, Muhammad Yunus recibió su doctorado en Economía en la Vanderbilt University, a la que había podido acceder gracias a una beca Fulbright. Tras una breve experiencia docente en Tennessee, volvió a Bangladesh en 1971, al Departamento de Economía Rural de la Universidad de Chittagong.

En una conferencia en la Fundación Rafael Pintos de Madrid, Yunus expresó: "…Te preguntas para qué valen tus teorías económicas de libro de texto si no son útiles para las personas que están muriéndose o a punto de morir, y no por ninguna enfermedad en particular. Se mueren porque simplemente no tienen un poco de comida. Es una cosa muy dolorosa –cuando uno está comiendo y justo en la puerta de al lado alguien se está muriendo porque no tiene comida…".

Desde 1976, el Banco Grameen ha beneficiado a tres millones y medio de personas, propietarias ellas mismas del banco, en su gran mayoría mujeres, que reunidas en grupos de cinco o más, solidarias y responsables, consiguen reembolsar 9 de cada 10 de sus pequeños préstamos.

Tras enterarse de la obtención del premio Nobel, Yunus explicó que consideraba lógico que hubiera sido el de la Paz y no el de Economía (para el que "sonaba" desde hacía años). "La economía y la paz están directamente relacionadas, los problemas en gran parte del mundo están causados por razones económicas", apuntó.

La onda verde

Dos mil millones de hectáreas de tierras, equivalentes al 15% de la superficie terrestre, han sido degradadas por la polución. La mitad de los ríos del mundo están seriamente contaminados. El 40% de la población mundial ya hacia mediados de los '90 sufría severos problemas para acceder a agua potable. La cantidad de bosques se redujo un 2,4% entre 1990 y 2002. El daño a la capa de ozono ha llegado a niveles récord. Se estima que de seguir por este camino, para el año 2032 el escenario sería verdaderamente aciago: el 55% de la población mundial sufriría de una extrema escasez de agua; el 70% de las tierras acabarían erosionadas e inutilizables; las emisiones de gases volverían casi irrespirable el aire.

En medio de este panorama desolador, muchos han vuelto la vista sobre las corporaciones globales como las responsables de semejante destrucción ambiental, mientras la principal potencia del mundo se niega a firmar el Protocolo de Kyoto para no comprometerse a reducir los gases contaminantes. Según un informe del Global Policy Forum –una ONG que supervisa las políticas de las Naciones Unidas–, las corporaciones transnacionales están devastando el planeta a paso redoblado, aprovechando la escasez de regulaciones ambientales internacionales y su nula efectividad. Compañías mineras contaminando las napas subterráneas, deforestando el Amazonas y envenenando los mares es la imagen que nos brinda esta visión crítica.

¿Cuánto hay de cierto en este cuadro apocalíptico? Mucho. Sin embargo, en los últimos años parece haberse producido una cierta toma de conciencia de la necesidad de implementar modelos de negocios ecológicamente sustentables y un cierto número de compañías han adoptado medidas para reparar daños ambientales. Por ejemplo, la petrolera Chevron cuenta con un programa de reducción de gases tóxicos y hasta ha construido unas plataformas sobre sus postes de electricidad para que las águilas de Wyoming, en peligro de extinción, puedan posarse tranquilamente sin riesgo de electrocutarse. En *Greening the Corporation: Management Strategy and the Environmental Challenge*, el profesor de la Universidad de Cranfield Peter Thayer Robbins desarrolla un modelo de management que combina objetivos de negocios y ambientales. Su tesis: el respeto por la ecología y los beneficios no tienen por qué contraponerse.

Muchos se muestran escépticos y ven a esta aparente nueva tendencia como un engaño más. "Detrás de la imagen del CEO entregando un cheque a una fundación de protección del ambiente", opinan, "está la empresa contaminando ríos, incendiando bosques y lanzando más monóxido de carbono a nuestra sufrida atmósfera. La única solución es la creación de una legislación ambiental que se haga cumplir". Los datos parecen confirmar esta postura. En la edición de 2005 del *Environmental Sustainability Index*, elaborado por las universidades de Yale y Columbia para medir el impacto del crecimiento económico en el ambiente, los países escandinavos ocupan cuatro de los primeros cinco lugares de un ranking de 146 naciones. Es decir, son aquellos que están en el camino de un crecimiento sustentable.

¿Cuáles son las claves de su éxito? Las instituciones. Todos son países democráticos con reglas de juego claras para las corporaciones. Todos han implementado una efectiva governance ambiental que incluye regulaciones a la polución del aire, a los desechos tóxicos, la preservación de bosques y fuentes de agua potable. Y tal vez el dato más significativo: son naciones con bajísimos niveles de corrupción pública. Es decir, las regulaciones existen y se hacen cumplir.

Estas parecen ser las claves de un desarrollo amistoso con el ambiente. Las corporaciones por sí solas suelen descuidar la ecología, cediendo a las presiones de los accionistas por beneficios de corto plazo. Para que no se cumplan los temibles pronósticos, se necesitan gobiernos firmes y honestos que las incentiven a buscar modelos de negocios compatibles con la sustentabilidad futura, gobiernos que no teman decir a la cara a los CEOs del mundo: "¿Quieren hacer negocios en nuestro país? Bienvenidos sean. Pero tengan en cuenta que aquí solo aceptamos empresas en la onda verde".

La doble vida de Patricio

Hizo el recorrido que se esperaba de él: colegio bilingüe, viaje a Europa durante dos meses para ganar mundo, mozo en una estación de esquí de la costa oeste de los Estados Unidos (con suculentas propinas y pista libre por las tardes), carrera universitaria en tiempo récord, promedio brillante. Casi sin darse cuenta, Patricio obtuvo su preciado MBA en una prestigiosa universidad norteamericana. Aún se emociona al recordar las lágrimas de alegría de su madre durante la ceremonia de graduación en el prolijo campus de Massachusetts.

Afamados profesores le enseñaron a manejar decenas de situaciones que tal vez algún día enfrentaría como CEO de una gran corporación. Encontró a la mujer de su vida, se casó y regresó a la Argentina con ilusiones de iniciar una carrera profesional repleta de nuevos desafíos, que le exigiera innovación y creatividad, que agudizara su capacidad de formular las preguntas correctas antes que encontrar las respuestas perfectas.

Patricio creyó que el puesto soñado se encontraba en una de las por entonces cinco grandes consultoras (aunque hoy ya su tamaño no esté tan claro). Tras una corta búsqueda, lo contrataron para el área de consultoría estratégica. Estudiaba mucho, se esforzaba mucho más y comenzaba a experimentar aquello que, hasta ese momento, solo había conocido en libros o papers.

Hizo una carrera meteórica en un entorno ultracompetitivo donde los que no sirven (los que no ascienden) pronto deben vaciar sus oficinas para hacer lugar a nuevos empleados ambiciosos como ellos lo habían sido en sus inicios. El clásico up or out. Y la experiencia convirtió a Patricio en todo un experto en economías de escala de muchas industrias. Conocía las barreras de entrada de tantas otras y los términos "fortalezas" y "oportunidades" formaban parte de su discurso cotidiano. Lo había logrado… Se había convertido en un auténtico "animal" de la estrategia.

Pero un día algo cambió. Se enteró por los noticieros de la existencia de unas empresas llamadas "recuperadas", concepto nuevo para su viajado léxico académico-profesional. En la pantalla, observó asombrado las imágenes de una asamblea en la que un grupo de trabajadores levantaba la mano para votar sobre la propuesta de algún compañero. ¿Qué era ese nuevo mundo? ¿Por qué no había aprendido nada sobre él en sus clases dictadas por premios Nobel en los Estados Unidos? Nada había oído acerca de "empresas recuperadas" en las decenas de conferencias sobre corporate governance que adornaban su grueso currículum.

Intrigado, indagó en Internet. En un trabajo de Raúl Zibechi para el Programa de las Américas, del Interhemispheric Resource Center, se enteró de que, a partir del nacimiento del fenómeno a mediados de la década de los '90, en la Argentina llegaban a unas 200 las empresas recuperadas que ocupaban a más de 12 mil personas. No solo ninguna había quebrado, sino que muchas incluso habían incorporado nuevos trabajadores a su planta originaria. Aprendió también que alrededor de un cuarto de esas firmas eran metalúrgicas, aunque también abundaban frigoríficos y fabricantes de aparatos eléctricos. La mitad de ellas tenían más de cuatro décadas de trayectoria y, en el momento de su recuperación por parte de los trabajadores, promediaban los 60 empleados.

"¿Cómo es posible?", se preguntó. "¿A quién pertenecen realmente los activos de esas empresas? ¿Es legal que los obreros los utilicen? ¿Qué habrá ocurrido con las deudas contraídas por las empresas originales? Si todos los empleados son propietarios de la compañía, ¿cómo se distribuyen las ganancias?"

Muchas preguntas... Pocas respuestas... Pero Patricio recordó un párrafo del libro *El misterio del capital*, del economista Hernando de Soto, considerado por la revista *Time* como uno de los cinco más importantes innovadores latinoamericanos del siglo XX: "En los países en vías de desarrollo los activos sirven para propósitos físicos inmediatos. Casas que proporcionan techo, parcelas de tierra en labranza, siembra o cosecha. En cambio, en Occidente esos mismos activos llevan una vida paralela, como capital externo al mundo físico".

Y Patricio percibió de inmediato la verdad de la frase. Los trabajadores de las empresas recuperadas no habían tomado las fábricas para liquidarlas al mejor postor ni para especular. Eran solo hombres y mujeres que pretendían proveer bienes y servicios a la comunidad para ganar dignamente el sustento de sus familias. Gente de la cultura del trabajo que pugnaba por sobrevivir en un mundo cada día más hostil.

El que no sube, baja; y el que baja, desaparece

"Cedo la palabra al compañero Gustavo", dijo el moderador. El muchacho se puso de pie y arrancó: "Compañeros, me alegra anunciarles que en el último mes la producción aumentó un 10 por ciento". "¡Bravo!", clamó la multitud. Gustavo pidió silencio y prosiguió: "Según hemos averiguado, se viene la moda de las zapatillas coloradas. Deberíamos empezar a producir más de ese color". "Bien. Votemos", dijo el moderador. "¿Están de acuerdo en aumentar la producción de zapatillas rojas para la próxima temporada?" Todas las manos se levantaron. "Se aprueba el consejo del compañero Gustavo." ¿Imágenes de un soviet de Moscú? ¿De una usina cubana, tal vez? No, esta curiosa escena se produce a diario en las más de doscientas empresas recuperadas de muchas ciudades argentinas. Un fenómeno que, como hemos dicho, tras su nacimiento en la década de los '90, llegó a ocupar a más de 12 mil personas.

En los tiempos de la brutal recesión en la Argentina del cambio de siglo, muchas fábricas otrora exitosas galopaban hacia una quiebra inminente. Y muchos patrones, tras meses de salarios impagos, abandonaron las plantas, que fueron ocupadas por trabajadores desesperados por salvar sus empleos. No había motivos ideológicos de por medio. Era solo un manotazo de ahogado de hombres y mujeres que no se resignaban a engrosar las filas de desocupados. Muchas eran firmas con décadas de trayectoria y con un promedio de 60 empleados en el momento en que estos tomaron el control. Con una escasa experiencia empresarial, se hicieron cargo de las operaciones corrientes implantando la vieja usanza de las cooperativas obreras: las disposiciones fundamentales se adoptan en asambleas bajo la consigna "un hombre, un voto", sin rígidas estructuras jerárquicas ni gerentes que impartan las órdenes.

Los comienzos idílicos estaban cargados de buenas intenciones: "O colaboramos todos, o quedamos en la calle". Y los participantes del nuevo fenómeno trabajaban más duro que nunca en las metalúrgicas, textiles, frigoríficos y fábricas de artefactos eléctricos. Pero las piedras en el camino eran innumerables. Los derechos de propiedad no estaban bien definidos. El marco legal dejaba un vacío y no se sabía a quién correspondía realmente la propiedad de los activos. Hubo intentos de desalojo con la policía. Algunas cooperativas acordaron alquilar las instalaciones. Otras, más afortunadas, obtuvieron la expropiación.

Ni una sola quebró. Miles de personas conservaron sus puestos de trabajo y se repartieron igualitariamente los beneficios. A todas luces, el corto plazo ha sido exitoso. Con grandes esfuerzos en la mayoría de los casos, las empresas recuperadas se han mantenido a flote. ¿Y ahora qué sigue? En el mediano y largo plazo es cuando aparecen los grandes interrogantes. Y para vislumbrar el futuro del fenómeno, hay que comprender que son empresas. Y como toda empresa, solo sobrevivirán si son rentables. En un ambiente competitivo, la inversión y la innovación son factores clave para el éxito. El dinamismo es fundamental: "El que no sube, baja. Y el que baja, desaparece". ¿Están preparadas las empresas recuperadas para aplicar las modernas técnicas que requiere la rentabilidad de largo plazo?

En un primer vistazo, la respuesta parece negativa. Las empresas recuperadas vieron la luz en un ambiente social crítico con el único objetivo de preservar puestos de trabajo, en una batalla desesperada contra el hambre. Nada hay allí de visión estratégica, análisis costo-beneficio, ni voluntad de conquistar mercados. La gestión es un día a día permanente donde la planificación del futuro parece un lujo que no pueden permitirse.

Por otro lado, un hecho alarmante es que en la mayoría de las fábricas recuperadas se siguen utilizando las máquinas heredadas de los antiguos patrones. ¿Qué ocurrirá cuando se vuelvan obsoletas y no quede más opción que reemplazarlas? En las fábricas que obtienen beneficios, los trabajadores retiran montos mensuales que echan por tierra cualquier esperanza de autofinanciación. Y el acceso al crédito parece una utopía hoy en día. Solo algunos emprendimientos han recibido una ayuda oficial que no deja de ser insuficiente.

Estas observaciones nos dejan un amargo sabor. Por más loables que sean las intenciones de los trabajadores, las leyes del mercado no perdonan a las empresas ineficientes. Y una fábrica con máquinas vetustas no es viable en el mediano y largo plazo. En un ambiente competitivo, no queda más remedio que adaptarse a las reglas. Y estas incluyen eficaces técnicas de management e inversión, dos factores de los que carecen. Sin embargo, una luz de esperanza brilla en el horizonte. Varias universidades han puesto su know-how gerencial al servicio de los trabajadores de estas compañías. Con el tiempo, adoptarán las técnicas de management más avanzadas. Y con la ayuda de las universidades y otras instituciones, no hay ninguna razón que les impida tener éxito.

El segundo gran problema es el del financiamiento. Y cada día se vuelve más acuciante. A medida que usted va leyendo estas líneas, las máquinas se desgastan. Si hoy el crédito es escaso en nuestra economía, para las empresas recuperadas es directamente inexistente. En el corto y mediano plazo, parece que solo el Estado podría financiar los proyectos. Y de prosperar la situación, seguramente los bancos privados también se animarán a prestarles. Es sabido que la gente de menores recursos es más cumplidora en el reembolso de créditos. Y los trabajadores de las empresas recuperadas saben que el futuro de sus familias depende de ellos. Difícilmente exista un mejor incentivo para cumplir con las obligaciones.

En definitiva, ¿las empresas recuperadas tienen futuro en la Argentina? Hay que enfocar bien la pregunta para no caer en malentendidos. No se trata aquí de si podría generalizarse el modelo de gestión obrera. Los derechos de propiedad son la base de cualquier economía capitalista. La verdadera pregunta es: ¿las empresas recuperadas que ya se encuentran en funcionamiento lograrán sobrevivir, o se extinguirán lentamente? Empuje y trabajo duro tienen de sobra. Conocimientos en management están adquiriendo. Si solo lograran acceder al financiamiento, no hay ninguna razón para creer que las empresas recuperadas no hayan llegado para quedarse.

Mejor trabajo, mejor calidad de vida, mayor productividad

7:30: suena el despertador.

7:40: ducha rápida y desayuno a las apuradas.

8:00: viaje en un colectivo atestado (obviamente, de pie).

9:30: inicio de la jornada laboral. Catarata de e-mails y reuniones maratónicas.

13:00: por fin un respiro. Pero el tiempo para almorzar es escaso. Apenas si basta para un sándwich.

13:45: de vuelta al trabajo… Más e-mails, más reuniones… El cansancio y el estrés se disparan.

18:00: fin de la jornada laboral.
18:10: viaje de regreso en un colectivo atestado.
19:45: llegada al hogar.
21:30: cena con la familia.
22:00: un rato de televisión.
23:00: a la cama. Mañana será otro día…

¿Le suena este itinerario? Más allá de algunos detalles, seguramente no le resultará extraño. La gran mayoría de los trabajadores corporativos y empleados de oficinas en general suelen adaptar sus vidas a esta rutina. Según un estudio reciente de la Escuela de Negocios de Wharton, los argentinos trabajan un promedio de 1.903 horas anuales. No es demasiado si nos comparamos con los países asiáticos, donde casi todos superan las 2.000. Sin embargo, trabajamos mucho más que el promedio europeo de 1.644 horas anuales.

¿Significa esto que somos el país del futuro? ¿Nuestro trabajo duro nos convertirá en líderes mundiales?

No necesariamente, advierte el estudio de Wharton. Gayle Allard, profesora del madrileño Instituto de Empresa (IE) afirma que no existe correlación entre el horario y la productividad. Estar en el trabajo no significa necesariamente estar trabajando.

De hecho –señala Nuria Chinchilla del IESE, España–, las largas jornadas de trabajo pueden convertirse en un boomerang y volverse en contra de la productividad. Basta con un sencillo ejemplo para demostrarlo: España es el país con la jornada laboral más larga de Europa. Sin embargo, al mismo tiempo exhibe los indicadores de productividad más bajos del continente.

¿Cómo se explica?

Según la especialista del IESE, en el largo plazo, las extensas jornadas acaban desmotivando a los trabajadores y generando mediocres rendimientos. La sobrecarga horaria suele generar ausentismo y exacerbar los riesgos de enfermedades psicosociales.

"Sin embargo", dirán los escépticos, "¿es posible reducir la jornada sin perder la carrera de la competitividad contra China, donde se trabaja más de 2.000 horas anuales?"

Por un lado, no es seguro que sea esa la carrera que debamos correr, y por otro, no se trata de trabajar más, sino de trabajar mejor. Aquí es donde interviene una serie de innovadoras técnicas de management. Por ejemplo, el teletrabajo ("De casa al trabajo… sin salir de casa") y los contratos personalizados permiten encontrar un equilibrio entre vida pública y privada. En tiempos en que la competencia se exacerba, se nos presenta la paradoja de que trabajar más no es la clave. Para encontrar ese equilibrio entre lo personal y lo laboral, hay que trabajar mejor.

Marieta del Rivero, directora general de Nokia España, lo sintetiza mejor que nadie: "Cuando la vida personal va bien, profesionalmente se nota. Es muy importante que una compañía abogue por que la gente sea responsable con lo que tiene que hacer y no por los horarios". Podría agregarse que, cuando la vida profesional va bien, en la vida personal se nota. Y entonces cobraría sentido el círculo virtuoso tan simple como elemental, conformado por: mejor trabajo, mejor calidad de vida, mayor productividad.

La información pública, como la educación, imprescindibles para quienes menos tienen

Christian, un joven norteamericano de Arkansas, fue el fundador de Easy2use, una exitosa start-up productora de software, que gracias al desarrollo de un novedoso programa de gestión de finanzas personales, ingresó en el pequeño círculo de los triunfadores. El utilitario se vendía como pan caliente y la empresa había pasado, en apenas unos meses, de los cinco empleados originarios a más de 100. Ahora, Christian ya no dirigía un microemprendimiento, sino una compañía de cierta envergadura con pretensiones globales. El ambicioso joven empresario hasta se animaba a competir al mismísimo Bill Gates. No dudaba de que su producto era mejor que el famoso Money de Microsoft. Pero para crecer, necesitaba buena información.

Ingresó a la página del United States Securities and Exchange Comission (SEC), el organismo norteamericano que controla a las compañías que cotizan en Bolsa, y tipeó "Microsoft". Un segundo más tarde, la pantalla se iluminó con cientos de links que conducían a toda clase de datos sobre la empresa. Así pudo conocer las entrañas del gigante. Rentabilidad, rotación de stocks, márgenes, capital de trabajo, inversiones en activos fijos, estructura de deuda, tamaño del negocio, resultados operativos, etc., etc., etc.

El paso siguiente fue buscar todos aquellos competidores que formaban parte de lo que él había definido como su grupo estratégico, o sea, aquellas empresas que habían establecido una política de precios, de distribución, de comunicación, y hasta un público objetivo similar al suyo. Ellos eran sus verdaderos rivales. Gracias a los datos provistos por el United States Small Business Administration, construyó un cuadro con indicadores estándar de sus competidores más directos.

Ahora, necesitaba sondear la posibilidad de recibir créditos públicos a baja tasa para invertir en el desarrollo de la segunda versión de su software. Entonces, entró a business.gov, la página del gobierno que centraliza toda la información de regulaciones públicas de los negocios de los Estados Unidos, y consultó acerca de lo que buscaba.

Christian había comprendido perfectamente el punto. Dirigir una empresa es, esencialmente, gestionar información. Las empresas están siempre sedientas de información. Es el aceite de sus engranajes. Y gastan fortunas en obtener datos sobre el mercado, sus productos y la competencia. Póngale el nombre que quiera: rumores, estudios de mercado, análisis de estados contables, benchmarking, clipping, rankings, informes, estadísticas… Todo es información.

Y si esta es de difícil acceso o mala calidad, el funcionamiento del negocio se resiente. Mala información equivale a una capacidad restringida de gestión, a decisiones erróneas o, como mínimo, limitadas. Para la economía en su conjunto, el resultado es una pérdida de competitividad.

Una corporación puede pagarse todos los estudios que necesite sobre sus competidores. Pero, ¿cómo hace una ME para conocer, al menos en parte, la estrategia de una gran empresa? Las restricciones de información generan una profunda desigualdad de oportunidades. Entre una PyME que debe tomar decisiones casi a ciegas y una corporación que ha investigado a fondo, ¿quién tiene las de ganar? La falta de información acaba actuando como barrera a la entrada de nuevos competidores a un mercado y favorece rentas monopólicas a expensas de los consumidores.

Así como es el Estado quien debe garantizar la salud, la educación y la seguridad, también debería asegurar el acceso a la información. En la Argentina, las firmas están obligadas a depositar sus informes financieros en la Inspección General de Justicia (IGJ) que, a su vez, debe ponerlos de inmediato a disposición de usuarios de distintos sectores, tamaños, y procedencias. Y sobre esta información primaria, se podrían construir indicadores más sofisticados que permitieran entender el comportamiento de diferentes sectores.

¿Cuál es el plazo de cobro de los supermercados de tamaño medio? ¿Cuál es la ocupación promedio de habitaciones de los hoteles cinco estrellas en la ciudad de Buenos Aires? ¿Cuál es la tendencia de facturación del negocio gastronómico en Palermo Soho? Muchas decisiones de inversión dependen de respuestas a preguntas tan elementales como estas.

Sin embargo, hasta hoy la base de datos no ha sido digitalizada y no todas las firmas cumplen con los requisitos que establece la ley. Hace muy poco, la IGJ ha anunciado que emprenderá un proceso de digitalización de sus datos y tomará medidas para que la información se encuentre disponible.

Sin dudas, esta iniciativa constituye un gran paso hacia adelante y los beneficios pronto se harán patentes. Ahora, queda el desafío de fortalecer el marco normativo y asegurar su efectivo cumplimiento, para lograr que todas las empresas presenten su información. Con esta base, la construcción de indicadores como aquellos a los que tiene acceso Christian desde su Arkansas natal, es solo cuestión de tiempo.

El que muere rico, muere desgraciado

"Qué difícil me resulta imaginar algunas fortunas...", me dijo mi amigo Valentín. "A veces", continuó, "busco equivalencias. Por ejemplo, trato de pensar una suma de dinero en cantidad de departamentos, o de coches, o de televisores. Pero el problema se repite cuando los televisores vuelven a ser cientos de millones." El ranking de la revista *Forbes* provoca cada año el mismo estrés en Valentín. ¿Qué significa tener una fortuna de 500 millones de dólares, o de 5 mil millones o de 50 mil millones? ¿Cuántos departamentos debía agregar en su imaginación por cada cero adicional? Si semejante dilema le generaba el solo hecho de imaginar la suma, cuánto más difícil le resultaría resolver qué hacer con ella.

Empresarios como Andrew Carnegie, Henry Ford, Andrew Mellon, George Soros, John Rockefeller, Michael Bloomberg y Bill Gates tienen algunas cosas en común. Lo obvio: son o fueron millonarios. Lo no tan obvio: destinaron gran parte de su fortuna a actividades filantrópicas.

El mercado de la filantropía se sacudió hace poco cuando el famoso inversor Warren Buffet anunció que cedería unos 30 mil millones de dólares en acciones a la Bill & Melinda Gates Foundation, asociación que ya ha donado otros 30 mil millones a proyectos educativos, bibliotecas públicas, programas de salud e iniciativas de lucha contra la pobreza. El mismísimo Bill anunció que en junio de 2008 se retiraría de Microsoft para dedicar todo su tiempo a la fundación.

Prácticamente, hoy no existe billonario que no contribuya, de algún modo u otro, a obras caritativas.

Entonces fue cuando Valentín comenzó a preguntar por qué. ¿Por qué alguien se desprende de 30 mil millones? Los escépticos dirán que tiene sentido donar cuando se trata de una maniobra para eludir impuestos. Otros encontrarán los motivos en la culpa de haber erigido fortunas colosales a través de medios turbios. Según algunos, las grandes donaciones no son más que leña para alimentar el ego de los magnates, y más aún si tenemos en cuenta que los medios especializados ponderan fuerte las donaciones en la elaboración de los rankings de los personajes más influyentes. Las obras filantrópicas de Bill Gates, por ejemplo, le valieron su nominación por la revista *Time* como uno de los hombres más influyentes del año 2005 junto con Bono, la filantrópica super estrella de U2.

Otros más, aún más escépticos, dicen que los billonarios no son más generosos que el resto de los mortales sino que su mayor exposición pública hace que lo parezcan. Según un estudio de 1997, los diez billonarios más generosos de los Estados Unidos habían donado, entre todos, la friolera de 1.900 millones de dólares. No obstante, si consideramos que su patrimonio total ascendía a unos 74 mil millones, la estadística resulta mucho menos favorable. Apenas habrían donado menos de un 3% de su patrimonio total. Mientras aquel empleado que gana 800 pesos, tal vez haya donado 80 para un comedor escolar de su barrio.

Pero nadie lo convoca para pronunciar discursos en prestigiosas universidades ni es tapa de los diarios.

Seguramente el ámbito de la psicología aportaría a nuestro amigo Valentín algunas otras explicaciones, que irían desde las leyes de Maslow hasta la teoría lacaniana.

Sin embargo, más allá de las motivaciones para donar, el libro *The Greater Good: How Philanthropy Drives the American Economy and Can Save Capitalism* señala que, en los últimos años, las actividades filantrópicas de los billonarios se han transformado. Hoy se están estableciendo diferencias entre la caridad tradicional (que busca aliviar tragedias sociales como el hambre) y la verdadera filantropía, que ataca las causas profundas de esos problemas.

Este debate está ocupando cada vez más espacio en los últimos tiempos. El gurú del management Michael Porter sostiene que muchos millones son malgastados en "mala filantropía". Los billonarios filántropos tal vez sean genios para decidir inversiones en sus negocios. Pero, sostiene Porter, son pésimos a la hora de elegir a quién donar. Lo ideal sería que tomaran sus decisiones del mismo modo que en sus negocios, y asignaran el dinero a las causas más productivas, a sectores donde el gobierno y las ONGs están ausentes. Esto es lo que se llama "donar con imaginación".

Hasta aquí, mucha información y datos de interés. Sin embargo, la tensión de Valentín no había desaparecido. Seguía sin poder imaginar "tanto dinero junto". Siguió investigando, hasta que encontró que Andrew Carnegie, el gran filántropo y rey del acero norteamericano, alguna vez había dicho: "El millonario tiene el deber social de compartir sus riquezas con los menos afortunados". Su frase de cabecera era: "Quien muere rico, muere desgraciado". Entonces Valentín pensó: "Quizás la filantropía, simplemente, responda a la búsqueda de una mayor y mejor distribución de la riqueza". Y se tranquilizó.

V.3. Negocios en el límite y fuera de él

Negocios políticamente corruptos

La escena comienza con el Sr. Humeau, empresario súper poderoso de una súper poderosa empresa francesa, dando instrucciones a su asistente personal camino al ascensor. Paso rápido y firme, cabeza en alto mirando por sobre el hombro a quien se cruzara por los pasillos de aquel lujoso edificio. En la planta baja, un giro inesperado: un grupo de policías yendo a su encuentro con una orden de detención. Se inicia así la caída de un inescrupuloso empresario, acusado de sobornar a influyentes, financiar partidos políticos y hacer costosos regalos, a cargo de la empresa (pública), a su fiel amante.

En *La comedia del poder* (en francés, "La ebriedad del poder", *L' ivresse du pouvoir*), Claude Chabrol retrata de manera exquisita tanto la embriaguez que provoca el poder, como las formas y vínculos entre negocios sucios y alta política. Aristóteles, hace 2.500 años, advertía que la esencia de la corrupción consistía en poner las atribuciones de un cargo público al servicio de los intereses privados.

En "La política como vocación", una célebre conferencia dictada en 1918 en la Universidad de Munich, Max Weber definía al hombre con vocación de político como aquel que conoce los resortes del poder y sabe usarlos eficazmente para trasformar la sociedad de acuerdo con su visión.

Adam Smith, en su inmortal *La riqueza de las naciones*, exponía que al buscar su interés privado, el empresario termina fomentando el bien público, ofreciendo los bienes y servicios que nos hacen más cómoda y agradable la vida.

Un mundo "ideal": el político usando los resortes del poder para transformar (mejorar) la sociedad, y el empresario ofreciendo bienes y servicios que nos harán más agradable la vida.

173

Sin embargo, cuando cruzamos estos ejes –el empresario que ingresa a la política–, la cuestión se complica. En su papel de empresario, procurando su interés privado; en su papel de político, intentando transformar (¿para mejor?) la sociedad. El filósofo francés Jean-Jacques Rousseau se preguntaba en el siglo XVIII si puede conciliarse el rol de empresario (perseguidor de su propio interés por antonomasia) con la función pública, que debe apuntar al interés general.

En el siglo XXI, algunos escándalos resonantes nos sugieren que el debate sigue tan encendido como siempre. A Dick Cheney, vicepresidente de los Estados Unidos y ex CEO de la energética Halliburton, se lo acusa de haber apoyado la invasión norteamericana a Irak para que su empresa recibiera jugosos contratos petroleros. El ex primer ministro italiano y magnate de los medios, Silvio Berlusconi, es otro caso de confusos límites entre actividad pública y privada. Podríamos seguir con una larga lista de ejemplos.

Los empresarios que ingresan a la política generalmente estructuran su discurso sobre dos argumentos. Por un lado, resaltan los conocimientos y las habilidades directivas que les permitieron concebir exitosas empresas. La palabra *administrar* se eleva en ese discurso a la categoría de "poseer y aplicar un conocimiento sofisticado y exclusivo". Saber utilizar recursos escasos con fines alternativos, motivar personas, fijar objetivos, formular estrategias, elaborar e implementar planes de acción son atributos que deberían ser aprovechados (y agradecidos) por la sociedad.

El otro argumento esgrimido es que ingresar a la política desde una posición económica acomodada elimina la tentación de hacer negocios aprovechándose del poder de la nueva posición.

Sin lugar a dudas son argumentos falaces y tramposos; hasta es posible que hayan caído en desuso por poco efectivos. Sin embargo, el dilema planteado por Rousseau sigue abierto. Puesto en otros términos: ¿algunos empresarios con conductas non sanctas pueden descalificar a miles de empresarios honestos?

Quizás, tal y como lo advertía Max Weber en aquella misma conferencia de 1918, lo relevante sea que el hombre con vocación de político "viva de y para la política".

Agrego: ya sea artista, abogado, sacerdote o empresario.

Air Madrid: una maniobra fatal en tiempo de reencuentros

Graciela había estado ahorrando durante dos años los 800 dólares que le costó el ticket Buenos Aires-Madrid. Trabajaba como empleada doméstica y de cada sueldo, cada mes, separaba cien pesos y los ponía en un sobre con el rótulo "El 7 de enero ya llega". A principios de diciembre buscó una reemplazante para dejar en su trabajo, vendió sus pertenencias y empezó a despedirse de su gente. Emprendía un largo viaje, buscando un nuevo lugar y una nueva esperanza. El 13 de diciembre de 2006 Graciela leyó la peor noticia: Air Madrid dejaba de volar. Y ella se había quedado sin vuelo, sin dinero y sin destino.

5.000 pasajeros afectados en la Argentina. 4.500 en Colombia. En total, se estima en 120.000 los pasajeros varados en América Latina. Hasta febrero, la empresa tenía vendidos unos 300.000 pasajes. Pero el sueño se derrumbó.

Air Madrid empezó a volar a fines de 2003 desde España a destinos latinoamericanos. Sus principales rutas incluían Buenos Aires, Lima, Bogotá, Río de Janeiro y San José de Costa Rica. El objetivo del negocio no eran los vacacionantes españoles sino el nicho de inmigrantes.

Las tarifas de las aerolíneas tradicionales dejaban fuera a muchos de los tres millones de inmigrantes latinoamericanos que recibió España en los últimos años.

175

Air Madrid no tenía competencia en el nicho de bajos precios para ellos y las familias con las que se reunirían tarde o temprano.

Según un reciente artículo de Georgina Elustondo publicado en el diario *Clarín* de Buenos Aires, los precios de Air Madrid eran un 30 por ciento más bajos que los de sus competidores.

La empresa cumplía con las dos condiciones necesarias para llevar adelante una estrategia de low cost, tasas de ocupación cercanas al 100 por ciento (gracias a técnicas como el revenue management), y máxima utilización del capital: los aviones de Air Madrid estaban casi constantemente en el aire.

A pesar de esto, desde mayo, el gobierno español venía supervisando a Air Madrid por supuestos defectos en el mantenimiento de sus unidades. El clima se fue enrareciendo en los primeros días de diciembre. La calidad del servicio era mala y los aviones salían hasta con 120 horas de retraso. A la mayoría de los pasajeros no les importaba.

Pero todo se precipitó el 13 de diciembre, cuando el gobierno español anunció que no garantizaba la continuidad de los vuelos después del 16 de ese mes. La alarma se disparó. Los viajeros se horrorizaron. El gigante de pies de barro fue víctima de una especie de corrida bancaria. Las ventas de pasajes en Buenos Aires, que promediaban entre 750 y 1.000 por día, cayeron a apenas 50. Sequía de ingresos. Estrangulamiento financiero.

Así llegó el momento del crisis management. Desde el 15 de diciembre de 2006, en el website de Air Madrid, un escueto comunicado deslinda toda responsabilidad por las cancelaciones y acusa al gobierno español de la crisis. Parece un comunicado escrito a las apuradas (hasta tiene errores de tipeo). El argumento: Air Madrid es víctima de una conspiración de otras aerolíneas que verían amenazado su negocio por las bajas tarifas.

¿Cómo sigue la historia?

Ahora que la empresa ha cesado sus operaciones, llega el momento de la repartija de activos de la quiebra. Pero, a decir verdad, no hay demasiado que repartir. El mismo modelo de negocio low cost intrínsecamente hace que la compañía tenga poquísimos activos para liquidar. Air Madrid no tenía aviones propios sino que alquilaba todos sus Airbus.

El mayor activo que tienen las compañías con ese modelo de negocios son sus rutas aéreas. Sean ciertas las razones conspirativas argumentadas por la firma, sea una simple cuestión de mal management, o sea lo que fuere, es muy probable que las rutas terminen siendo absorbidas por otra línea, y que muy pronto nadie se acuerde de la existencia de esta empresa.

Es seguro que el frustrado viaje de Graciela, y el de los miles de inmigrantes latinoamericanos que no pudieron reencontrarse con sus familiares, sufrirán igual suerte: el olvido.

"Gracias por fumar"

Pensé que sería una mediocre comedia americana. Sin embargo, la opera prima del director Jason Reitman me sorprendió de principio a fin. Punzante: americanos riéndose de sí mismos. Profunda, con todos los actores e intereses en juego presentes: las grandes tabacaleras, los derechos de los no fumadores, los derechos de los fumadores, el político oportunista, la cultura neopuritana y la enfermedad. Antes de entrar al fondo (¿?) de la cuestión: *confieso que he fumado.*

El tabaco es una industria con historia. El *Tobacco Atlas* de la Organización Mundial de la Salud es una excelente guía para bucear por el mercado del humo. Se cree que los indígenas americanos ya plantaban tabaco hacia el año 6000 a.C.

La *nicotina tobacum* hasta era un elemento importante en la mitología de los indios hurón.

El negocio propiamente dicho comenzó hacia 1612, cuando los colonizadores europeos en América fundaron las primeras plantaciones comerciales. De ahí en más, todo fue viento en popa para la adicción al seductor veneno de la nicotina. Lo que fue cambiando es la forma de consumo. En el siglo XVIII, el tabaco se inhalaba. El XIX fue el siglo de los cigarros. La explosión llegó en el siglo XX, con la irrupción de los cigarrillos industriales, accesibles para el bolsillo obrero.

Y así llegó también el fantástico negocio hoy dominado por las big five tabacaleras. La estadounidense Altria Group (antiguamente, Philip Morris) con su vedette Marlboro es líder mundial con una facturación de casi 100 mil millones de dólares. En el segundo lugar viene British American Tobacco (Lucky Strike), con ventas por unos 45 mil millones. Algo más rezagados llegan Japan Tobacco International (Camel), China National Tobacco (que tiene gran parte del mercado chino), la alemana Reemsta y la franco-española Altadis.

Ahora, mientras los vientos de prohibición soplan en el mundo, las tabacaleras hacen lobby y esgrimen su importancia para la economía mundial. Avanzar contra el tabaco, alegan, es atacar un negocio multimillonario que genera incontables puestos de trabajo directos e indirectos, además de producir enormes ingresos fiscales.

Según datos de la Organización Mundial de la Salud, el 70% del precio de un paquete de cigarrillos en la Argentina son impuestos. Según el Programa Nacional de Control del Tabaco, el 33% de la población adulta argentina fuma y el costo de los tratamientos de enfermedades vinculadas al consumo de tabaco ronda los 4.300 millones de pesos anuales, es decir, el 15 por ciento del gasto público en salud. El gobierno, por su parte, solo recauda 3.500 millones de pesos anuales por impuestos al cigarrillo.

Nuevamente, las tabacaleras argentinas alegan que la instrumentación de medidas públicas para desalentar el consumo sería un golpe mortal para las economías regionales del Noreste, que viven de la plantación de tabaco (y producen más de 100 mil toneladas anuales).

Sin embargo, según el estudio "Análisis Económico del Consumo de Tabaco en Argentina" (2002), del Ministerio de Salud, "aumentar el impuesto al consumo de cigarrillos disminuye su consumo e incrementa los ingresos del Estado con un costo mínimo en términos de empleo en la industria tabacalera".

Qué fácil es caer en la trampa de las cifras. Paremos un momento y rescatemos lo relevante: las tabacaleras, los derechos de los no fumadores, los derechos de los fumadores y la enfermedad, el dato más contundente y que atraviesa a todos con sus absurdas 100 muertes diarias.

Hagan sus apuestas, señores: el negocio del juego, ¿no va más?

Cuando encontré a Marquitos Sáenz esta semana, estaba completamente abatido. No podía sostener la mirada, como si sintiera vergüenza por lo que venía a contarme. Estaba arruinado, acababa de apostar su última propiedad a todo o nada. Inteligente y astuto hombre de negocios, hacedor de empresas, generador de puestos de trabajo y ejemplar contribuyente. Muchas familias dependían de él. Pero esta, la tercera vez que lo perdía todo, parecía ser la última; no tenía fuerzas para seguir. Finalmente levantó la cabeza y repitió la frase que lo había hostigado sin piedad: "No va más".

El del juego no es un hábito moderno. Los arqueólogos descubrieron dados en las tumbas de faraones. Los antiguos chinos, japoneses, griegos y romanos se divertían apostando.

Fiodor Dostoievsky escribió su novela *El jugador* para liberarse de esa pasión funesta y pagar sus deudas de ruleta. Sin embargo, poco después de terminarla, recayó en ese infierno, y tuvo que huir de Rusia para evitar la prisión. En el siglo XX, el juego se convirtió en una verdadera (y muchas veces multimillonaria) industria. Según estimaciones de la American Gaming Association, solo los casinos estadounidenses tuvieron ingresos brutos por unos 28 mil millones de dólares durante 2004. Sumando el resto de las apuestas (caballos, deportes, etc.), la cifra en ese país trepa hasta la friolera de 78,6 mil millones de dólares, aproximadamente tres cuartos de la deuda pública y privada argentina en el primer trimestre de 2006. Los casinos pagaron, durante 2004, unos 5 mil millones de dólares en impuestos. El negocio goza de excelente salud. Su facturación casi se duplicó en los últimos 10 años.

La actividad es tan importante que la Escuela de Negocios de Wharton tiene un programa para ejecutivos de la industria del juego, principalmente orientado a educarlos en el aprovechamiento de las nuevas oportunidades de las apuestas on-line.

¿Qué ocurre en la Argentina?

Según una investigación de Fernando Krakowiak publicada en septiembre de 2005 en el diario *Página/12*, solo en la Ciudad Autónoma de Buenos Aires, el juego genera unos mil millones de pesos en ganancias brutas.

¿A costa de qué?

Un estudio de la Harvard Medical School sostiene que alrededor de 1,3% de los norteamericanos podrían calificarse de "jugadores compulsivos"; son quienes piensan con frecuencia en el juego, necesitan hacer apuestas cada vez más fuertes para mantener la emoción, apuestan para escapar de los problemas, intentan recuperar el dinero perdido en las apuestas con más apuestas y roban o piden dinero prestado para jugar.

Los efectos son terriblemente destructivos: familias desgarradas y patrimonios evaporados en cuestión de días.

Mirando a Marquitos y sin saber qué decirle, pensé en su libertad individual de elegir, de apostar, de jugar, y hasta de hacerse daño. Pero advertí también una gran contradicción: la apuesta por la que el Estado recauda impuestos que son devueltos a la comunidad, es la misma que termina por arruinar a un individuo, desmantelar su empresa, sacrificar empleos e impedir la recaudación de otros impuestos. Las sociedades modernas comienzan a dar muestras de reacción ante poderosas industrias arraigadas en ellas. El concepto de ciudades sin humo es una clara muestra de ese recorrido. ¿Será válido pensar en ciudades sin juego?

55 millones de correo basura

¿Cuánto tiempo pasa por día limpiando el correo basura de su casilla? El spam (o correo electrónico no deseado) es tal vez la principal plaga de Internet. Y se encuentra en pleno crecimiento. En junio de 2006, se enviaron unos 55 mil millones de mensajes por día. Un año antes, la cifra era de "solo" 30 mil millones. Según el Messaging Anti-Abuse Working Group, el correo basura representa alrededor del 80% del tráfico de e-mails. ¿Cuál es el modelo de negocio que se esconde tras estas cifras?

Buceando en el submundo del correo masivo encontramos que, en realidad, existen diferentes negocios (la mayoría, muy turbios).

El modelo tradicional no difiere, en lo esencial, de la antigua práctica de la publicidad postal, potenciada infinitamente por las posibilidades de la web. Las campañas de promoción por correo tradicional envían miles de folletos, con la esperanza de que un determinado porcentaje de los

181

receptores muerda el anzuelo. Pero estas campañas son caras. Costos de impresión, envío, etc. Internet ha derribado esos obstáculos. Por unos pocos dólares, el spammer puede llegar a millones de usuarios.

Si usted envía un millón de mensajes, con que el 0,1% de los receptores compre su producto, ya son mil clientes. Nada mal...

Esta es apenas la punta de un millonario iceberg donde se confunden (y, a veces, se violan directamente) las fronteras de la ley. El estudio *The Economics of Spam*, que la Universidad de Oregon publicó en 2003, presenta el negocio del correo basura en toda su complejidad.

En primer lugar, no siempre es necesario que el usuario compre un producto para que el spammer gane dinero. Usted recibe un e-mail que promociona un website. Si hace clic sobre el mensaje, el navegador lo direcciona hacia el website del spammer, que así gana un visitante y facturación de publicidad.

En otros casos, los spammers son lisa y llanamente estafadores que construyen un modelo de negocios sobre la ingenuidad y vergüenza de sus víctimas. ¿Nunca le ha llegado un mensaje donde le ofrecen participar de esquemas piramidales del tipo "hágase rico en un día"? ¿Nunca se preguntó por qué recibe tantos e-mails que le proponen comprar viagra o psicofármacos?

Este modelo de negocio es directamente un fraude. Usted les envía el cheque. Ellos jamás le envían el producto. Al fin y al cabo, ¿qué puede hacer usted? Muy pocos valientes se atreven a ir a la policía para denunciar: "Quise comprar drogas ilegales por Internet y me estafaron" o "Jamás me enviaron aquellas píldoras mágicas para alargar el pene".

Si buccamos un poco más profundo en este mundo, vemos que, tal vez, quienes hacen el verdadero negocio no son los spammers (honestos o no). Las grandes oportunidades se encuentran en el business to business, es decir, en las empresas que proveen soporte para los spammers. Dentro de esta fauna, hay para todos los gustos.

Están aquellos que se ocupan de construir bases de datos de direcciones electrónicas que luego venden a los spammers.

También existen proveedores de servicios "amigables" con los spammers, que les permiten albergarse en su puerto. Y no faltan compañías que promocionan un servicio de spamming profesional. Hoy en día, los filtros antispam de muchos webmails son lo suficientemente poderosos para detectar y eliminar buena parte del correo basura. El mundo se complica para el spammer. Así, cotiza mucho una persona que, por sus conocimientos técnicos o capacidad para elegir las palabras clave, pueda hallar la forma de que los mensajes aterricen en la bandeja de entrada.

Detrás de este mundo y de estos negocios está el derecho a la intimidad. Nos molesta, y con razón, la irrupción de un mensaje no deseado. Creo que en este caso vale la misma conclusión del capítulo "Cuidado, tu basura te delata": solo la ley y el Estado pueden garantizar un marco de actuación que regule este tipo de acciones e impida que el spam se filtre en nuestra pretendida privacidad.

Cocaína: entre la extrema pobreza y las multimillonarias ganancias, la adicción

La gran pelea es por un mercado de 30 mil millones de dólares anuales y 13 millones de consumidores habituales.

¿Coca sí, cocaína no? Un documento del Transnational Institute plantea la distinción entre la hoja de coca y la cocaína. Sin la hoja de coca no habría cocaína, y la hoja de coca sin uno de sus múltiples ingredientes no podría cumplir sus usos tradicionales (inhibir el hambre, la sed y el cansancio, combatir el mal de altura, el dolor de encías, de estómago y otros). Sin embargo, los campesinos que cultivan coca para producir clorhidrato de cocaína, o los que la cultivan para usos tradicionales y/o medicinales, siembran y cosechan la misma planta y forman parte de una misma población campesina empobrecida y excluida desde hace décadas.

Los antiguos pueblos de la región de Bolivia y Perú ya eran habituales consumidores de hojas de coca, que formaba parte de sus ritos religiosos. Pero la historia de la cocaína se remonta a 1859, cuando el químico alemán Albert Niemann desarrolló un método para aislar el alcaloide.

La cocaína era comercializada por Bayer y hasta integraba la fórmula original de Coca-Cola en 1886. Solo hacia principios del siglo XX comenzó la toma de conciencia sobre las propiedades adictivas de la droga. Finalmente, en 1914, el gobierno norteamericano la declaró ilegal.

La cocaína pasó sin pena ni gloria por muchas décadas para regresar con todo esplendor hacia los años '70, en el apogeo de la cultura disco.

Según el informe *The Cocaine Threat*, en los últimos años se han producido grandes cambios en este ilícito negocio. En los '90, los Estados Unidos eran los principales consumidores (400 toneladas anuales, un 80% del total mundial), mientras que el 80% de la coca se plantaba en Perú y Bolivia.

En los primeros años del nuevo milenio, los Estados Unidos representan menos del 50 por ciento del consumo global (con 300 toneladas), desplazados por Europa y naciones de América Latina. Al mismo tiempo, los centros de producción se han trasladado a Colombia (que hoy produce el 70% de la planta).

Un informe del Departamento de Justicia norteamericano pinta a la perfección este lamentable ejemplo de supply chain en las sombras. En 2004, los países andinos de América (Perú, Bolivia y Colombia) tenían plantaciones en unas 166.000 hectáreas, con un potencial de producción de 645 toneladas de cocaína de máxima pureza.

Los campesinos venden las hojas a los narcotraficantes que procesan la materia prima en sus laboratorios para obtener cocaína pura (de estos laboratorios sale como subproducto la PBC (Pasta Base de Cocaína)o "paco", que merece un capítulo aparte). Luego, la cocaína pura se embarca hacia múltiples destinos. México es una escala habitual en el tráfico hacia el inmenso mercado estadounidense.

La droga suele transportarse hasta ciudades fronterizas, donde se la fracciona y se la introduce en los Estados Unidos en camionetas a través del desierto de Arizona, California, Florida y Texas. Otra ruta, utilizada cada vez con mayor frecuencia, es la vía marítima desde países caribeños hasta el puerto de Miami. Finalmente, nunca faltan las tradicionales "mulas", que cruzan la frontera a pie, en barcos o en aviones, con pequeñas cantidades de droga.

Una vez sobre territorio estadounidense, llega el momento de que los narcotraficantes locales hagan su negocio. Según el informe de las Naciones Unidas, en los últimos años los traficantes mexicanos reemplazaron a los colombianos en el retail de cocaína. Ellos fraccionan el producto, lo estiran mezclándolo con talco, vidrio molido, etc., y lo venden en las calles con fabulosos márgenes de ganancia. En 2004, vendían a 100 dólares el gramo, que habían pagado 23.

Finalmente el trabajo sucio se blanquea. La recaudación de los grandes traficantes que operan en el mercado norteamericano es "lavada" en aquel territorio y en algunos bancos caribeños que normalmente hacen muy pocas preguntas.

Al final de todo este largo recorrido nos encontramos con un circuito perverso con dos extremos muy desiguales.

Por un lado, multimillonarias ganancias provenientes de un negocio ilegal, depositadas en cuentas de prestigiosas instituciones financieras de reputación intachable.

Por el otro, centros penitenciarios bolivianos llenos de personas pobres detenidas (pocos peces gordos) acusadas de participar en la producción de drogas ilícitas.

En el medio, el consumidor y su adicción.

¿Cuál es la verdadera discusión?

La donación de órganos, un gesto solidario contra un negocio aberrante

En octubre de 2006 un juez en Argentina atribuyó la muerte de una nena a la ablación de sus órganos. Busqué distintas fuentes, pero en todas hallé las mismas contradicciones y, como resultado, mi incapacidad de entender (o al revés). El fallo, según la noticia, sostenía que una nena de 12 años había muerto por la ablación de sus órganos y no por las gravísimas lesiones que había sufrido al ser atropellada por una camioneta. Sin embargo, la misma noticia aclaraba que la ablación se había realizado con autorización del propio juez.

En la Argentina, toda persona que necesite un transplante debe dirigirse al INCUCAI, institución que coordina la lista de espera nacional y asigna los órganos según el estado del paciente. Sin embargo, la oferta oficial es sumamente escasa. Solo pueden ser donantes los fallecidos por muerte encefálica, es decir, el 1% del total. Y de estos, menos del 15% son donantes. En cifras, 400 por año (sobre casi 300.000 decesos).

El panorama de la demanda es completamente distinto. Por ejemplo, la lista de espera para transplantes de riñón ronda las 5.000 personas.

¿El resultado? En términos económicos, se registra un enorme exceso de demanda de órganos, una demanda, para la jerga de los economistas, "inelástica". Ante la posibilidad de la muerte de un familiar, la gente está dispuesta a pagar precios altísimos por un órgano que prometa alguna esperanza de vida. Solo falta una variable para cerrar el circuito perverso: la pobreza de grandes franjas de la población. La fría lógica de la oferta y la demanda provoca que, en estas condiciones, surja un mercado negro de órganos. No puede entonces sorprendernos la compleja trama de tráfico de órganos de Bolivia a la Argentina, revelada por una investigación de Claudio Savoia, del diario *Clarín* (junio de 2006). Se desnuda allí una red montada por compradores desesperados, médicos inescrupulosos y funcionarios corruptos.

En estas condiciones, la única (¿?) forma efectiva de equiparar la oferta con la demanda de órganos, es lograr el incremento de la donación, *en el marco de la ley 24.193* (Ley de Transplante de Órganos y Tejidos).

Es claro también que mientras mayor sea la donación, menor espacio quedará para el avance de un negocio tan aberrante como el del tráfico.

Entre 2002 y 2004 las donaciones aumentaron cerca de un 70%, un crecimiento tan extraordinario como beneficioso, que ha servido para salvar más vidas, y fue reforzado por la ley 26.066 (Donante presunto), promulgada en diciembre de 2005.

Tráfico de cadáveres, un negocio espeluznante

Los avances en la investigación médica son una de las causas de nuestro bienestar, nadie podrá negarlo. Basta un simple dato para demostrarlo: en 1901 la esperanza de vida en los Estados Unidos era de apenas 49 años. Un siglo después ya llegaba a los 77. Más allá de las mejoras en las condiciones de higiene y alimentación, a lo largo del siglo XX la ciencia médica descubrió y puso a disposición de las masas vacunas para la polio, la insulina para los diabéticos, toda clase de antibióticos, cirugías, tratamientos para el cáncer, etc., etc., etc. ¿Quién sabe con qué otras cosas nos sorprenderán en el futuro?

Sin embargo, debajo de las maravillas de la medicina hay algunos negocios tenebrosos.

Un artículo de la prestigiosa Wharton Business School nos acerca la reseña del libro *Body Brokers*, de Annie Cheney.

Lo que se narra en esta obra es digno de una película de terror: a los fabulosos avances médicos subyace un negocio no menos fabuloso de *tráfico de cadáveres*.

En efecto, los grandes laboratorios necesitan restos humanos como insumos de sus laboratorios de I+D. La demanda supera a la oferta: el precio sube. La venta de cadáveres está prohibida en los Estados Unidos. Pero algunos "emprendedores" *han encontrado los resquicios legales* para dedicarse al negocio.

En este peculiar mercado, una cabeza se vende por 900 dólares, un par de piernas por 1.000, y otros órganos por varios cientos de dólares más. De hecho, se estima que el precio de un cuerpo humano, vendido por partes (como si fuera un auto) puede trepar hasta unos 10.000 dólares.

"Llora, Warnes, llora."

Pero, ¿de dónde salen estos insumos?

Según la investigación de Cheney, en los Estados Unidos se venden en cementerios y crematorios. También la investigación asegura que varias escuelas de medicina norteamericanas han estado implicadas en esta clase de tráfico.

Más allá de su morbosidad, no se trata de un negocio novedoso. De hecho, sus raíces se remontan hasta fines del siglo XVIII. En aquellos tiempos, la disección se volvió una práctica habitual en la enseñanza de la medicina norteamericana. Desde entonces, la demanda de cadáveres sistemáticamente supera a la oferta. En ese momento, los cuerpos se obtenían a través de la profanación de tumbas. Hoy ya no, pero el procedimiento sigue siendo oscuro.

No hace falta mucha imaginación para suponer que en cualquier barrio estará ocurriendo algo parecido, o peor. Una muestra más de la *necesaria intervención de la ley*.

Cuando hay zonas grises (negras en este caso), y cuando la oferta no satisface la demanda, aparecen toda clase de atajos e irregularidades. Aparecen emprendedores sin escrúpulos: dealers, desarmadores, ligas, proxenetas, etc., etc. Es allí donde hace falta más Estado y no menos, donde hace falta más control y no menos. Legislación, Estado y controles eficientes no tienen que asustar, solo tienen que estar justo allí donde los necesitamos.

Aborto: de eso no se habla, y si no se habla, no existe

Código Penal Argentino, artículo 85: "El que causare un aborto será reprimido con reclusión o prisión de uno a cuatro años, si obrare con consentimiento de la mujer. El máximum de la pena se elevará a seis años, si el hecho fuere seguido de la muerte de la mujer".

Sin embargo, las leyes de hierro del mercado no siempre se ajustan a derecho. Un clásico de la economía es que si un producto o servicio ilegal sigue siendo demandado, genera un mercado negro. Ejemplos hay de sobra: la Ley Seca norteamericana de los años '20, el tráfico de drogas, de armas, de órganos...

Distintos estudios estiman entre 300.000 y 600.000 el número de abortos que se practican por año en la Argentina. Muchos son realizados por las propias mujeres con métodos caseros. Otros, en clínicas clandestinas, en condiciones deplorables de higiene. Las consecuencias son previsibles: adolescentes que mueren o quedan con secuelas de por vida.

Los datos no siempre son confiables, pero se calcula que el precio de un aborto clandestino oscila entre 300 y 700 dólares, según la "calidad" de la intervención. Montos millonarios que van a parar, en gran medida, a las arcas de las clínicas clandestinas.

Las consecuencias económicas del aborto no se agotan aquí. También representan un pesado lastre para las finanzas públicas. Según cifras oficiales del gobierno bonaerense, de 2003, alrededor de 32.000 mujeres eran internadas anualmente en hospitales públicos por complicaciones surgidas de abortos "caseros" o en clínicas clandestinas. El costo de estas internaciones, que afronta el Estado, casi alcanzaba en ese año los 20 millones de dólares.

Detrás de todas estas cifras se vislumbra la existencia de una actividad erigida en torno a la desesperación de jóvenes de escasos recursos. Para que quede más claro: *pobres.*

Es una cuestión que requiere presencia activa y eficaz del Estado. En el mediano plazo, una larga, intensa y profunda discusión.

En el corto plazo, está la "píldora del día después", que se distribuye gratuitamente en todo el país. Se trata de un método anticonceptivo hormonal de emergencia que previene un embarazo no deseado. No es abortivo y no posee contraindicaciones. Puede ser utilizado desde el mismo día de la relación sexual no protegida y durante las 96 horas posteriores. La anticoncepción hormonal de emergencia está aprobada por la Organización Mundial de la Salud, la Federación Internacional de Planificación de la Familia y la mayoría de las agencias sanitarias regulatorias, como la Administración Nacional de Drogas y Alimentos (FDA) de los Estados Unidos, donde es de venta libre.

Las situaciones de emergencia pueden ser: relación sexual –consentida o no– de mujeres en edad reproductiva que no quieran quedar embarazadas, sin uso de método anticonceptivo, o con uso incorrecto, accidente o falla, como la rotura del preservativo, o la expulsión completa o parcial del DIU.

Un signo muy alentador: haber incluido el método en
el Programa Médico Obligatorio de la Argentina, para que
las mujeres en edad fértil que tengan prepagas u obras sociales puedan reclamarlo sin pagar un peso. Otro: que las
mujeres sin prepaga ni obra social puedan acceder al método en hospitales y centros de atención primaria de la
salud.

VI.
LAS DIFERENCIAS EXISTEN,
QUE VIVAN LAS DIFERENCIAS

Saliendo del placard

François trabajaba en el área de contabilidad de una corporación francesa. Tímido por naturaleza, intentaba hacer su trabajo sin llamar la atención. Un buen día, se enteró de que se venía un downsizing a la americana. Él sería uno de los perdedores de la reestructuración de personal. El mundo se le vino abajo.

Sin embargo, por una de esas casualidades de la vida (o de las películas), al departamento de al lado acababa de mudarse un psicólogo corporativo retirado, quien le aconsejó: "¿Quiere conservar su trabajo? Que en la empresa crean que usted es gay. No podrán despedirlo". Dicho y hecho, François *salió del placard* y conservó su empleo. La empresa, temerosa de exponerse al escarnio público, lo dejó en su puesto.

Así es como la genial película francesa *El placard* ilustra la vida de homosexuales en las corporaciones. Al mismo tiempo, refleja una nueva tendencia que se está desarrollando en las compañías de los cuatro rincones de la Tierra.

No demasiados años atrás, la vida de los homosexuales dentro de la corporación no era para nada sencilla. La mayoría de ellos, no tenían más opción que ocultar su condición para mantener su empleo. ¿Ha cambiado algo en los últimos tiempos?

Efectivamente, algunas empresas están llevando la posta en la vía hacia la integración. Las denominadas *gay friendly corporations* han integrado la lucha por la igualdad de derechos dentro de su cultura corporativa. Además de contar con estrictas reglas internas contra la discriminación, otorgan a empleados homosexuales los mismos beneficios sociales que a los heterosexuales. Por ejemplo, si un gerente heterosexual goza de un seguro médico que cubre también a su esposa, ¿por qué no debería la pareja homosexual de otro gerente recibir la misma cobertura?

La asociación estadounidense Human Rights Campaign, dedicada a la lucha por la igualdad de derechos, elabora todos los años un ranking de gay friendly corporations que evalúa, entre otros indicadores, la existencia de códigos antidiscriminación y el otorgamiento de beneficios sociales a las parejas de sus empleados gays. El informe de 2005 revela enormes progresos. 101 de las principales corporaciones estadounidenses recibieron la máxima calificación contra apenas 56 de 2004. En 2002, unas 700.000 personas trabajaban en empresas de máxima puntuación. En 2005, la cifra ya ascendía a 5,6 millones. Algunas de las compañías más progresistas son Dow Chemical, Ernst & Young y Microsoft. ¿La más atrasada? ExxonMobil, que solo sumó 14 puntos sobre 100.

Es cierto que aún quedan muchas batallas para alcanzar la plena integración. Los viejos prejuicios jamás desaparecen por arte de magia. Pero los últimos datos parecen indicar que vamos por el buen camino. En abril de 2006, por ejemplo, una accionista de la multinacional Kraft Foods instó a la compañía a retirar su apoyo a las Olimpíadas Gay con el argumento de que "la homosexualidad aumenta la probabilidad de transmisión de enfermedades por vía sexual".

Para una corporación, la lucha contra la discriminación por orientación sexual representa más que un imperativo ético. Es también una sana política comercial. A medida que los mercados mundiales se segmentan, van surgiendo nuevos nichos que apuntan a un público gay. Por ejemplo, se estima que el turismo gay mueve más de 50 mil millones de dólares solo en los Estados Unidos. ¿Cómo puede una corporación ganar este nicho de mercado si entre sus filas solo hay ejecutivos heterosexuales? ¿Puede una empresa apuntar a un público gay si puertas adentro lo discrimina?

En este sentido, la tendencia hacia la integración de homosexuales dentro de las corporaciones se inserta dentro de una orientación más global que va tomando la vida corporativa en pro de la integración de todas las minorías. Una empresa son sus personas, y la persona vale por sus conocimientos, su actitud, su imaginación, su creatividad, su ética. En la actualidad, el 49% de las empresas del ranking *Fortune 500* ofrecían beneficios a las parejas de sus empleados gays y el 83% contaba con normas antidiscriminación en sus códigos de ética. Un cambio trascendente en el mundo corporativo, un cambio que ya ocurrió.

María, llena eres de gracia

María temblaba sudorosa en su asiento del vuelo Bogotá-Nueva York. Nunca antes había subido a un avión. Miró el reloj. ¿Cuánto faltaba para llegar? En su estómago ardían los 62 paquetes de heroína que, por 5.000 dólares, había aceptado tragar para traficar a los Estados Unidos. Días después, ya sobre suelo "gringo", comenzó a contactarse con la comunidad hispana de la Gran Manzana. Muchos realizaban actividades de baja calificación para sobrevivir.

Así es como la película *María, llena eres de gracia* describe la situación en los Estados Unidos de los latinos, un grupo étnico que, en los últimos años, ha cobrado cada vez mayor peso en la sociedad de ese país. Según datos de 2004 del US Census Bureau, los 40 millones de latinos de los Estados Unidos ya representan el 14% de la población, lo que supera el 12% de afroamericanos. La misma oficina de estadísticas informa que ese año unos 190.000 argentinos moraban en territorio estadounidense; muchos de ellos habían llegado huyendo de la feroz crisis económica de 2001.

Algo parece estar cambiando en los últimos tiempos con respecto a la imagen sobre los hispanos que muestra la película. Según una encuesta de la Hispanic Association on Corporate Responsibility (HACR), en 2004, 202 hispanos ya ocupaban asientos en los directorios de 166 compañías del ranking *Fortune 1000,* el 186% más que en 1993. Dos casos concretos: Eduardo Castro-Wright fue ascendido a vicepresidente ejecutivo de la cadena Wal-Mart en los Estados Unidos, y el presidente George W. Bush (h.) nombró a Carlos Gutiérrez como Secretario de Comercio.

¿Cómo se explica la nueva tendencia?

Los latinos, ya convertidos en la primera minoría de los Estados Unidos, cuentan con un poder de compra estimado en unos 700 mil millones de dólares. Incluso, constituyen los principales clientes de ciertos mercados.

En base a su creciente peso demográfico y económico, ¿cómo puede extrañarnos que comiencen a estar representados en los directorios corporativos? ¿Cómo puede un directorio compuesto exclusivamente por tradicionales blancos anglosajones protestantes comprender las necesidades de clientes con sus raíces en México, Cuba o Puerto Rico?

La incorporación de hispanos en los directorios, además de un paso en la lucha contra la discriminación, es una respuesta a la diversidad que exigen unos mercados cada vez más segmentados. Wal-Mart es una de las compañías que mejor lo han comprendido, y ya ha incorporado a dos hispanos en su directorio.

A pesar de los progresos, advierte el HACR, aún queda un largo camino por recorrer. Por ejemplo, los hispanos representan el 14% de la población estadounidense pero apenas ocupan el 2% de los sillones de directorio de las principales empresas. En la mayoría de las escuelas de negocios más prestigiosas de los Estados Unidos, la proporción de hispanos rara vez supera el 5%.

Muchos sectores que hasta hace muy poco tiempo miraban solo hacia aquellos que conocían desde siempre, están comenzando a incluir en su comunicación, publicidad e imagen mensajes a grupos de consumidores con raíces culturales, costumbres y gustos distintos. No debemos ser ingenuos en este punto. El respeto a la diversidad, y la consecuente integración de las minorías en posiciones de poder, en muchos casos responde a intereses económicos concretos. Captar una mayor cuota de mercado, por ejemplo. Las estadísticas muestran una tendencia de crecimiento de estas minorías que se adivina irreversible. Pero aún quedan muchas barreras por superar. Aún persisten viejos prejuicios que bloquean el acceso de algunos a las posiciones donde se discute adónde ir y cómo llegar. Seguramente, la nueva mirada de las corporaciones hacia ellos impulsará el esfuerzo y la capacidad, como motores para escalar a la cúspide de las pirámides corporativas.

Cuando cumpla 93

Con apenas 22 años, Laura acababa de graduarse de actuario con promedio brillante. El día después del tradicional festejo, salió a buscar empleo. Ni por un momento dudaba de que conseguiría trabajo en la compañía deseada. Pero grande fue su desilusión cuando abrió los clasificados: "Empresa multinacional busca cinco actuarios. De sesenta años en adelante, edad excluyente", "Se buscan actuarios. Menores de cincuenta años, abstenerse".

¿El mundo del revés? En nuestros tiempos, pareciera haber oportunidades laborales solo para hombres y mujeres menores de 45 años. Las compañías rara vez suelen contratar veteranos. Según una encuesta de la Society for Human Resource Management de los Estados Unidos, el 59% de las empresas no contrata trabajadores de edad avanzada. Incluso, el 65% no hace nada para retener a aquellos que ya tienen en su plantilla. Más bien, parecen esperar con impaciencia la edad de retiro para deshacerse de sus empleados con "viejas mañas" y reemplazarlos por jóvenes maleables, a quienes pueden capacitar de acuerdo con las necesidades de la empresa.

¿Cómo justifican la preferencia por la juventud? ¿Qué tienen de malo aquellos que ya peinan canas? Algunos alegan que es demasiado costoso capacitar a un empleado que se acerca a la edad del retiro, porque la inversión debe amortizarse en menos años. Sin embargo, ¿cuánto hay de verdad en esto? En la actualidad, la rápida obsolescencia del conocimiento pone a personas jóvenes y mayores en igualdad de condiciones: en ambos casos es necesaria la capacitación continua.

¿Qué pasa con la creatividad? ¿Acaso uno pierde toda la inventiva a los 50? ¿Sabía usted que el pintor Henri Matisse, el escritor Fiodor Dostoievsky y el arquitecto Frank Lloyd Wright produjeron sus mejores obras hacia el final de sus carreras? Ahora que la generación del baby boom de los Estados Unidos se acerca a la edad del retiro, muchas empresas están diseñando mecanismos para retener a sus viejos empleados que son precisamente quienes poseen buena parte del know-how corporativo.

La publicación estadounidense de recursos humanos *Staffing Management Magazine* señala el ejemplo de Home Depot, una empresa que considera a la retención de sus empleados más antiguos como una prioridad estratégica. Cuarenta años de trayectoria en la compañía no pueden reemplazarse con unos meses de capacitación a un joven recién salido de la universidad. No se trata de unos contra otros, sino más bien de unos y otros. La clave es definir la función adecuada para cada uno.

La voluntad empresarial existe. Pero, ¿qué tienen que decir los interesados? ¿Quieren los mayores seguir trabajando, o prefieren un sosegado retiro? Según una encuesta de la AARP (American Association of Retired Persons), una ONG dedicada a las problemáticas de los mayores, el 86% de las personas que se acercan a la edad de la jubilación cree que seguir trabajando las mantendrá sanas y activas. El 80% quiere aprender cosas nuevas. Nuestros mayores quieren ser útiles, quieren disfrutar en el trabajo, quieren mantenerse jóvenes de espíritu.

Sin embargo, muchos ya no están dispuestos a estar sentados en un sillón durante 8 horas diarias. Algunos prefieren trabajar tres días por semana. Otros, necesitan dos meses anuales de vacaciones. Por lo tanto, a toda firma que decida apostar por la experiencia, se le presentan una serie de desafíos en el área de recursos humanos. Para retener a sus empleados clave, debe instrumentar horarios flexibles y contratos personalizados.

La tendencia aún es lenta, pero firme. Tal vez, uno de los mayores exponentes del nuevo fenómeno sea Alan Greenspan, quien, orillando los 80 años, anunció su paso al costado como todopoderoso pope de la Reserva Federal de los Estados Unidos.

Vivimos en una época en que los septuagenarios corren maratones. ¿Por qué no pueden seguir trabajando? Pero si aún no se convence, preste atención a este último ejemplo.

En su edición de junio de 2005, la prestigiosa revista *Business Week* cita el caso de la neoyorquina Emma Schulman, que trabaja 50 horas semanales en el área de servicios sociales. Su jefe tiembla al pensar en el día en que ella se retire: "Tendremos que contratar a dos o tres personas para reemplazarla". Nada mal para una mujer de 93 años.

Rouge, delineador y altos negocios

Claudia es abogada y doctora en leyes. Tras criar de manera ejemplar a sus tres hijos, alcanzó el puesto más alto en la gerencia de asuntos legales de su compañía. A lo largo de su carrera aprendió tanto del negocio, que se ha convertido en el alma de la empresa. Todos saben que las decisiones estratégicas llevan su sello. Saca el rouge de la cartera y se pinta los labios frente al espejo del baño privado de su moderna oficina. Faltan aún unos minutos para la reunión. El tiempo justo para un poco de delineador. Ahora marcha triunfante hacia la luminosa sala donde la aguarda el directorio.

Va segura de sí misma, la frente alta. Está preparada para una tarde gloriosa. Se sienta a la cabecera de la interminable mesa de directorio. Sin embargo, las miradas de los directores esquivan, avergonzados, la suya. Ella comprende de inmediato que se ha equivocado. Su instinto, esta vez, falló: el puesto de CEO no será suyo. "Lo sentimos mucho", dice tímidamente el presidente. "Sabemos que es la más calificada para el puesto. Pero nuestros accionistas creen que los negocios son asuntos de hombres."

¿Una postal del pasado? Veamos… De acuerdo con el informe "Women in Corporations" (Businesswomen's Association) en 2005 el 13,6% de los asientos de los boards de las 500 mayores empresas del ránking de *Fortune* eran ocupados por mujeres. Todo un progreso con respecto al 10% de diez años atrás. Las naciones más progresistas son Noruega y Suecia, con un 22% y 20% de participación de las mujeres en los directorios. Las más atrasadas de Europa son Dinamarca, Italia, España y Bélgica, con cifras entre 2 y 4%. Un caso extremo es Japón, donde el 97% de las empresas no cuenta a ninguna mujer entre sus directores.

Un estudio realizado por Sylvia Maxfield, de la Simmons School of Management para la Women's Leadership Conference of the Americas, señala que, si bien queda mucho por hacer en torno del tema de la integración de las mujeres a los ámbitos de decisión elevados, Latinoamérica ha avanzado notablemente en el decenio 1994-2004.

En una encuesta a 75 empresas, se encontró que el 10% tenían mujeres ejerciendo la presidencia o la vicepresidencia. En el caso argentino, solo el 7% de los puestos en el directorio eran ocupados por mujeres, una cifra que contrasta notablemente con el 19% ostentado por Venezuela. La participación de altas ejecutivas en las firmas de cada país no se explica por su grado de desarrollo económico, sino por el rol que las distintas sociedades han otorgado a las mujeres. El componente cultural es determinante.

Las mujeres se han afianzado cada vez más en puestos gerenciales de compañías financieras. También se encuentran fuertemente representadas en las áreas de consultoría, servicios profesionales y bienes de consumo masivo. Las mujeres que alcanzan altas posiciones dentro de las organizaciones tienden a ser solteras o divorciadas. La maternidad es, en muchos casos, un factor que sella la suerte de las más capaces.

¿Ser CEO, o madre? ¿Mi carrera, o mi vida? Rosabeth Moss Kanter, profesora de la Harvard Business School y autora del libro *Men and Women of the Corporations*, defiende las ventajas de brindar igualdad de oportunidades a los sexos. Mientras más diversidad de pensamiento exista en el directorio, más dinámica se vuelve la corporación, más flexible, más abierta a nuevas ideas. Una empresa que no discrimina obtiene una mayor variedad de enfoques para resolver problemas y explorar nuevos mercados.

Los números expuestos demuestran que se está empezando a dejar de lado los viejos prejuicios de que "las mujeres no sirven para los negocios". No solo sirven, sino que quizás pronto se convertirán, tal como lo expresa Moss Kanter, en un pilar fundamental de toda empresa que desee impulsar su creatividad. Lo que hace apenas unos años hubiera parecido de ciencia ficción pronto se habrá vuelto realidad. Serán las empresas las que tomen la iniciativa para retener a los prominentes talentos femeninos.

"¿Quiere tener hijos?", le dirán a una joven y exitosa gerente. "Tómese seis meses de licencia. Vuelva cuando esté disponible. Tenemos grandes planes para usted." Aquellas que tengan la capacidad y el vuelo suficientes, ya no deberán sacrificar su instinto maternal por la carrera. Tal vez antes de lo que muchos creen, los espaciosos salones del directorio se poblarán de rouge, delineador y tacos altos.

Más rouge, delineador y tacos altos

El Congreso español aprobó en marzo de 2007 la ley orgánica de igualdad entre hombres y mujeres. La misma regula cuestiones que van desde la licencia por paternidad (ocho días), hasta la inclusión de las mujeres en los directorios de las grandes empresas (un mínimo de 40% y un máximo de 60%).

Encontramos en contra de esta ley argumentos de todos los colores, el rojo incluido.

- Imponer cupos es forzado y artificial.
- Atenta contra el mérito.
- Podría no haber un 40% de mujeres.
- El 40% es totalmente insuficiente.
- ¿Por qué no 50 y 50?

Críticas por izquierda, por derecha, feministas, machistas, sindicalistas, liberales…

A un amigo del ámbito de la justicia le llevó muy poco tiempo explicarme que algunas leyes pueden parecer disparatadas hoy pero su objeto es provocar cambios estructurales en el largo plazo.

Quizás sea cierto. El tiempo dirá.

VII.
LAS PERSONAS.

ALGO ESTÁ CAMBIANDO
EN EL INTERIOR DE LAS EMPRESAS,
LENTO, PERO SEGURO

Cómo estar enamorado y no ser despedido en el intento

Recorren juntos el trayecto desde su casa, pero metros antes de llegar, Lucía baja del coche y entra sola al edificio corporativo. Se reencuentran en el ascensor, pero no cruzan sus miradas. Lucía desciende en el cuarto piso, donde funciona el departamento de Marketing; Herman continúa hasta el séptimo, el bunker de Finanzas. Al mediodía en el comedor, desde mesas cercanas, escuchan disimuladamente las conversaciones del otro sin esbozar ni siquiera una sonrisa.

Por la tarde, la reunión de control de gestión: Lucía presenta la evolución del producto que ella gerencia. Herman hace las preguntas, aunque esta vez no tan punzantes, profundas y agresivas como este titán de las finanzas acostumbra.

Fin de jornada. La indiferencia del día se vuelve pasión en la intimidad.

Son muchos los que encuentran el verdadero amor (o alguna aventura pasajera) en el ámbito laboral. Según una investigación de la consultora Vault.com, una de cada dos personas vivió algún romance con un compañero de trabajo. En un caso de cada cuatro, la aventura terminó en el altar.

A primera vista, todo haría suponer que el amor no encuentra barreras y que es un atajo seguro hacia la felicidad. Bill Gates, por ejemplo, conoció a su esposa Melinda en las oficinas de Microsoft, y Melinda encontró a Microsoft en las oficinas de Bill.

Pero no siempre se puede escribir una historia rosa y con final feliz dentro de las organizaciones. El otro Bill, después de su promocionada experiencia en el salón oval, pasó momentos de zozobra. Otro caso: Harry Stonecipher, ex CEO de Boeing, que en 2005 fue despedido por mantener un romance con una ejecutiva de la empresa. En efecto, el amor a veces duele.

Hipocresía, mucha hipocresía. Como en tantos otros temas del mundo corporativo.

Los detractores de relaciones en el trabajo dirán que se trata de un cóctel explosivo.

Cuando se da entre un jefe y un subalterno, los rumores y las sospechas de favoritismo enrarecen el clima laboral. La ruptura de la relación, agregarán, afecta el desempeño de los equipos. Dos personas que terminaron mal ni siquiera se dirigen la palabra, ¿cómo pueden seguir trabajando juntos?

Para lidiar con el fenómeno, algunas corporaciones han incorporado la cuestión en su código de ética.

Según una encuesta realizada en 2003 por la American Management Association, solo una de cada ocho compañías contaban con una "política de parejas" escrita. La mayoría se guía por una serie de reglas informales. El 92% prohíbe los romances entre jefe y subordinado, y el 11%, las relaciones entre empleados de igual jerarquía.

Sin embargo, cuando hubo un romance, el 97% de las empresas encuestadas no tomó ninguna medida oficial. El 3% restante se distribuye entre la transferencia de uno de los empleados y una advertencia a los implicados sobre lo inconveniente de su conducta.

Buen tema para un culebrón. Pero, ¿dónde queda en estas apasionantes historias el derecho a la intimidad? ¿Qué hay de la privacidad de las personas?

Los privilegios, las preferencias y el trato discrecional en el mundo de las empresas están determinados por diversas razones, objetivas y subjetivas. Sería imposible regular cada una de ellas. En todo caso, son las propias organizaciones las que deben instrumentar mecanismos para contrarrestar situaciones de privilegio cuando estos sucedan y no antes, cualquiera que sea su origen. Yendo más lejos, que alguien haya sido complaciente con su amada/o, no quiere decir que todos vayan a serlo.

Los prejuicios no siempre coinciden con la realidad.

¿Tiene algún amigo/a en la situación de Herman o Lucía? Tal vez este asunto sea mejor tratarlo (si fuera necesario) con la más modesta fórmula del caso por caso.

¿Inspiración fantástica, o transpiración constante?

Basta con repasar en la web, al azar, algunas definiciones de misiones de empresas, para comprobar rápidamente que la palabra innovación se ha vuelto casi una necesidad.

"El Instituto apuesta por la innovación. Solo así es posible anticiparse y ofrecer valor añadido a corporaciones que compiten en un mundo global, en constante cambio."

"Innovación, inspiración, compromiso, conocimiento y cumplimiento de nuestras personas nos llevará a cumplir con éxito nuestra misión."

"Se trata del mayor motor de búsqueda de la web, mantiene su liderazgo en el sector gracias a la continua innovación de sus capacidades de búsqueda."

La innovación consiste en la transformación del orden actual de cosas. Por "cosas" puede entenderse productos, procesos operativos, sistemas de remuneración, estrategias de marketing, estructuras organizativas o cualquier otra variable que afecte el desempeño de la compañía.

Hoy en día, ya pocos dudan de que la creatividad es fundamental para sobrevivir en este mundo ultracompetitivo. Sin embargo, la innovación no solo se trata de imaginación. Muchas empresas con ideas revolucionarias acaban fracasando en su intento por llevarlas a la realidad. ¿Acaso una innovación exitosa no supone que aquellas buenas ideas sean plasmadas en productos atractivos y procesos eficientes? ¿Cómo lograrlo?

Este es el interrogante que se plantea el estudio *Innovation Inbound* de la consultora global Accenture, publicado en enero de 2006. Para abordar la cuestión, fueron entre-vistados 50 ejecutivos de áreas de investigación de distin-tas empresas. La mayoría de ellos afirmaron que un pro-ceso exitoso de innovación consta de dos etapas. Lo primero es identificar las restricciones en los procesos de innovación. ¿Dónde se encuentran los cuellos de botella? ¿Cuáles son sus causas? En síntesis, ¿qué nos impide inno-var? Los encuestados sostuvieron que los principales obs-táculos son la escasez de buenas ideas, las dificultades de aplicación, y el abandono prematuro de ciertos proyectos con buen potencial.

Solo una vez que la empresa sabe perfectamente cuáles son los obstáculos, puede adoptar las medidas para reme-diarlos. Por ejemplo, para estimular la aparición de ideas, algunas compañías fomentan la creación de equipos de tra-bajo multiculturales. A mayor variedad de puntos de vista, más intercambio de ideas, un terreno más fértil para la in-novación.

Una vez que surgen las ideas, aparecen las cuestiones fi-losóficas.

La "filosofía de la innovación" es el tipo de cultura de investigación y desarrollo que caracteriza a una compañía. Según Accenture, pueden existir hasta siete filosofías dife-rentes: desde los esquemas absolutamente centralizados hasta los que descansan sobre un modelo de empowerment, es decir, donde se brinda a los empleados de base una ma-yor oportunidad de participar en el desarrollo.

En general, los planes dirigidos "desde arriba" cuentan con la ventaja de reducir los problemas políticos internos y asegurar un mejor uso de los recursos. Pero esta filosofía suele no prestar la suficiente atención a las ideas surgidas de los empleados de menor rango.

En la nueva economía, el principal activo de una em-presa son las ideas de sus miembros. ¿Cómo lograr un de-sarrollo sistemático de nuevas ideas?

210

Ya en 1998, en el artículo "The Practice of Innovation", el gurú de Stanford Peter Senge advertía que la innovación no es el fruto de una idea genial surgida de una mente privilegiada, sino una disciplina que requiere esfuerzo, pasión y perseverancia. Pero lograr un proceso exitoso de innovación exige, además, una cultura corporativa compatible con el cambio, una cultura que fomente el compromiso, una cultura donde los trabajadores se sientan y sean escuchados.

Que renuncie quien no pueda…

–Vamos Víctor, terminá de una vez ese laburo así nos vamos a tomar unas cervezas.

–No puedo más, loco. Estoy palmado. Anoche terminamos dados vuelta en el bar de Grace.

–Yo me comprometí a que hoy lo terminábamos, no puedo fallar.

–OK. Pero entonces dejemos la birra para mañana. Hoy necesito toda la noche para terminar esto. Eso sí, mañana ni sueñes con encontrarme en la oficina. Pienso dormir todo el día.

¿Los personajes de este diálogo?

Alberto Efer, 26 años, exitoso gerente de una puntocom. En apenas tres años había pasado de la programación al departamento comercial y de allí directo a la gerencia. Hoy dirige un nutrido equipo de analistas, programadores, diseñadores y comerciales. Es fanático de la música electrónica y los videojuegos.

Víctor Hugo, 24 años, diseñador web y genial creativo, es un integrante del equipo de trabajo que gerencia Alberto. También se desvive por la música electrónica y los videojuegos. Víctor y Alberto no solo son compañeros de trabajo. También comparten amigos, vacaciones, salidas y novias.

En los últimos años, por diversos imperativos de reducción de costos, atención al cliente y cambios de mercado, las compañías se han vuelto más "chatas", con grupos de trabajo más pequeños y dinámicos. En el artículo "Managing Social Distance in Flat Companies", publicado por Harvard en febrero de 2006, los profesores Bob Goffee (London Business School) y Gareth Jones (INSEAD) indagan acerca de las nuevas características de liderazgo en esta novedosa clase de estructura organizativa.

Según estos especialistas, bajo los rígidos ordenamientos jerárquicos tradicionales quedaba perfectamente claro quién era el jefe y resultaba sencillo establecer una distancia social entre "el que mandaba" y "el que obedecía". Sin embargo, a medida que las compañías se fueron "achatando", comenzaron a surgir nuevos desafíos para el liderazgo. Hoy en día, sostienen estos especialistas, el adecuado manejo de la "distancia social" se convierte en un factor cada vez más importante en la formación de un líder.

¿Se equivocó Alberto al profundizar la relación con Víctor Hugo? ¿Puede un líder ser amigo de sus colaboradores?

Goffee y Jones destacan que la cercanía tiene dos importantes beneficios. En primer lugar, permite al líder conocer a sus subordinados, un requisito fundamental para el liderazgo efectivo. Por otro lado, también permite a los seguidores conocer a su líder.

La falta de distancia también genera desventajas. El general francés Charles de Gaulle sostenía que un líder siempre debía mantenerse envuelto en una suerte de halo místico. "El pastor no puede ser parte del rebaño", era su lema. Precisamente, según De Gaulle, el carácter misterioso del líder es lo que llama la atención de los seguidores y los motiva a obedecer. Pero este misterio se pierde con los after office y las vacaciones compartidas.

En definitiva, ¿cuán cerca debe estar un líder de sus seguidores?

En compañías chatas y de equipos de trabajo pequeños tal vez ya no resulte eficiente el modelo del líder semidiós intocable y casi invisible de De Gaulle. Necesariamente, el contacto cotidiano humaniza su figura. Además, conocer a los subordinados (y que ellos lo conozcan) es fuente de confianza.

Sin embargo, advierten Goffee y Jones, es necesario establecer ciertos límites. Siempre debe persistir el reconocimiento de que el líder es quien tiene la visión global y la misión que debe ser ejecutada por el equipo. Según estos especialistas, la experiencia enseña que, en las compañías chatas, un liderazgo efectivo exige un delicado equilibrio entre cercanía y alejamiento. La cercanía engendra confianza. El alejamiento mantiene el misterio.

Una vez más, nos enfrentamos a un sello de la época: el cambio permanente. La revolución tecnológica de la economía digital impone nuevas estructuras y nuevas maneras de hacer las cosas. Las flat companies son un fruto de los nuevos vientos. El filósofo alemán Hegel enseñaba que a cada etapa del desarrollo histórico le corresponde una subjetividad particular. El papel del líder necesariamente debe transformase al compás de los cambios sociales. Nuevas formas de liderazgo efectivo son la respuesta inevitable para los desafíos de la nueva economía. En palabras de Jacques Lacan, "que renuncie quien no pueda incluir en su horizonte la subjetividad de la época".

Retener talentos hace la diferencia

Gerardo y Florencia se conocieron en los claustros de la escuela de negocios del MIT. Ambos eran jóvenes ejecutivos ambiciosos y de enorme proyección. Tan grande era su potencial, que sus empresas habían apostado fuerte a ellos costeándoles sus MBA en aquella prestigiosa institución, para que adquirieran la costumbre del pensamiento estratégico, evaluación de proyectos, liderazgo y otras cualidades esenciales de la vida corporativa.

Un buen número de compañías invierten mucho dinero en la formación de sus Gerardos y Florencias, los futuros decision takers corporativos. ¿Es acertada esta decisión? Veamos...

Gerardo y Florencia cenaban en el comedor del campus unos meses antes de finalizar el curso. "No veo la hora de volver a mi trabajo y aplicar todo lo que estoy aprendiendo", comentó él. "Ojalá pudiera decir lo mismo", contestó ella. "Para mí son las mejores vacaciones de mi vida. No soporto el ambiente de mi empresa. La burocracia, la falta de desafíos, los jefes que rechazan sistemáticamente mis ideas... Ni loca vuelvo."

Según una encuesta del American Graduate Management Admission Council (AGMAC), alrededor del 30% de los estudiantes de Executive MBAs planeaban cambiar de trabajo tras la graduación. Después de adquirir gratis una sólida formación en negocios, migran hacia empleos más atractivos. Mientras tanto, es la empresa la que paga la cuenta. Es decir, la capacitación de los empleados puede acabar siendo un pésimo negocio para una compañía.

A causa de esto, según el AGMAC, en los últimos años se ha reducido la cantidad de empresas dispuestas a costear los MBAs de sus empleados. Otras han adoptado nuevos modelos de financiamiento. La consultora Pricewaterhouse-Coopers no deposita sobre las espaldas de sus trabajadores el pago inmediato del MBA, pero estos deben reembolsarlo en un período de tres años.

A lo sumo, esto solo puede ser un débil paliativo. En la economía global del conocimiento, el capital humano es clave. Ninguna compañía puede pretender seguir generando valor de largo plazo para sus accionistas si no convierte a la retención de talentos en una prioridad estratégica. Según un artículo de Paul Michelman de la Harvard Business School de noviembre de 2003, toda empresa que pretenda triunfar debe crear una cultura organizativa que fomente la retención de empleados. Pregúntese: ¿es mi trabajo valorado? ¿Mi opinión es tenida en cuenta? ¿Son bienvenidas las nuevas ideas? ¿Estoy siendo tratado con respeto? ¿Estoy siendo remunerado de acuerdo con mi desempeño? ¿Los altos directivos de la empresa actúan con ética e integridad?

¿Ha respondido afirmativamente a la mayoría de las preguntas? Alégrese. Usted trabaja en una empresa con una cultura organizativa orientada a la retención de talentos. El CEO de esa compañía podrá pagarle tranquilamente MBAS a sus empleados. Ellos no dudarán en volver para convertirse en una fuente inagotable de valor para la empresa.

¿Ha respondido negativamente a la mayoría de las preguntas? Posiblemente no haya descubierto nada nuevo. Seguramente usted ya ha estado pensando en cambiar de trabajo. Esta compañía no tardará en perder a sus mejores talentos, los reemplazará por otros y así seguirá indefinidamente. Al CEO de esta compañía antes que pagarle un MBA a un empleado, se le ocurrirá algún mejor uso: remodelar su oficina, viajar con la gente del directorio a Disneylandia o cambiar el Mercedes corporativo por un Rolls Royce.... Pero por sobre todas las cosas, nunca invertirá esa montaña de dinero en capacitar a un empleado.

Si aun insiste en enviar a algunos jóvenes a Harvard, aténgase a las consecuencias. Muy probablemente encuentre la misma respuesta que dio Florencia a su jefe el día que aterrizó en Buenos Aires: "Gracias por pagarme los estudios, pero no seguiré trabajando en su empresa. Me encantaría decir que ha sido una experiencia enriquecedora y que fue un placer trabajar para usted, pero no soy mentirosa".

La realidad cambia velozmente.
¿Qué pasa con su creatividad?

Le propongo un test...

- ¿Cuántos homicidios cree usted que hay anualmente en la provincia de Buenos Aires por cada cien mil habitantes?
  A: Menos de 100
  B: Entre 100 y 500
  C: Entre 500 y 1.000

- ¿Cuál de las siguientes empresas factura más?
  A: Textron
  B: Apple

- Hace algunos años, una encuesta a 74 ceos de grandes corporaciones reveló que el 94% de ellos había tenido una mascota durante la infancia. ¿Cree usted que puede establecerse una relación entre esto y el éxito laboral?
  A: No, la evidencia no es concluyente. Hay que considerar también otros datos.
  B: Sí, tener una mascota permite desarrollar ciertos rasgos de personalidad útiles para dirigir una empresa: responsabilidad, empatía, generosidad y capacidad de comunicación.

Si usted eligió A en los tres casos, acertó.

Pregunta 1: en 2001 se cometieron 12 homicidios cada 100.000 habitantes. Si usted escogió otra opción, tal vez haya sido traicionado por la sensación de inseguridad fomentada por algunos casos de delitos resonantes.

Pregunta 2: en 2004, la aeronáutica Textron facturó unos 10.000 millones contra 8.200 millones de la tecnológica Apple. Si usted eligió B, posiblemente se haya orientado por su familiaridad con la marca Apple. Pero las cifras de ventas no mienten.

Pregunta 3: la evidencia, si bien es sugerente, no puede considerarse concluyente porque no incluye los casos de personas que tuvieron mascota en la infancia pero no llegaron a CEO.

Pero, ¿qué tiene que ver todo esto con el management? En los negocios, deben tomarse a diario decisiones sobre composición de cartera, proyectos de inversión, fuentes de financiamiento, contratación de personas... Todos los días se presentan preguntas que exigen respuestas, y la calidad de estas depende en gran medida de cómo se juzgue el problema. Pablo Boczkowski, profesor asociado de Comunicación de la Northwestern University, especialista en comportamiento organizacional, destaca la importancia que tiene el marco cognitivo dentro del que tomamos decisiones, y la forma en que nos planteamos los problemas en el proceso de evaluación de las alternativas y la obtención de una solución óptima.

Las preguntas del principio estaban orientadas a testear su marco cognitivo. Si erró en las respuestas, significa que ha sido traicionado por su costumbre y sus experiencias pasadas. En la vida corporativa, esta limitación puede tener resultados muy costosos. Veamos por qué. Los modelos mentales que nos construimos para juzgar y evaluar la realidad suelen ser más lentos que la realidad misma. En un mundo que se transforma velozmente, seguimos guiándonos por viejos prejuicios. Seguimos creyendo que lo que era válido ayer, es válido hoy y lo será siempre. Estos prejuicios suelen volvernos demasiado conservadores y adversos al riesgo. La evaluación de alternativas a partir de un marco rígido puede generar una cultura organizacional que tema al fracaso y sofoque la creatividad.

¿Hay alguna forma de superar estas limitaciones? Boczkowski señala una serie de procedimientos en ese sentido.

En primer lugar, es importante que sea consciente del marco que utiliza para evaluar el problema y comprenda que su juicio no es la Objetividad misma, sino apenas un producto de sus intereses, experiencias y sentimientos. La primera regla es "No acepte la primera oferta que le haga su subconsciente". Evite la estrechez de miras redefiniendo el problema desde marcos alternativos que echen luz sobre las falencias de la primera impresión. Desarrolle su sentido de la empatía. Juzgue el mismo asunto desde distintos puntos de vista. ¿Cómo lo interpretaría si fuera un cliente? ¿Cómo, si fuera un proveedor? ¿Y si fuera su jefe?

¿Tan sencillo es deshacerse de creencias sedimentadas a lo largo de una vida? Desde luego que no. Pero el diseño y puesta en práctica de una serie de procesos organizacionales puede favorecer la apertura mental. Los problemas no deberían ser evaluados por una sola persona, sino pasar por muchas de distintos departamentos. Mientras más personas participen, más perspectivas, más ideas, más alternativas, más soluciones osadas habrá.

El día en que Jessie conoció a Diego

Diego trabajaba en el área de sistemas de una empresa en pleno crecimiento. A los 23 años, con piercings en la ceja, el labio y la lengua, no tenía el típico perfil del ejecutivo. Un buen día, en una reunión con sus jefes, le preguntaron: "¿Qué tal funciona el nuevo sistema que estamos implementando?". Diego meditó unos segundos y repuso: "Sinceramente, hermanos, es un desastre. La verdad que la pifiaron. La programación se hizo mal desde el principio. Tenemos que hacer todo de nuevo". Sus jefes se miraron asombrados.

Jessie, de 26 años, era auditora externa en una de las "cinco grandes". Tenía el trabajo que sus padres habían soñado para ella. Ganaba bien y contaba con buenas expectativas de crecimiento. Sin embargo, un día se hartó y presentó la renuncia. Ella quería más vacaciones que las escasas dos semanas anuales que le ofrecía la compañía. Sus jefes no lo entendían. ¿Cómo ella estaba dispuesta a renunciar a tan buen empleo en una de las grandes consultoras internacionales? ¡Si ellos se habían pasado años sin fines de semana ni vacaciones para llegar a ser socios!

El día que Jessie conoció a Diego, no volvió a alejarse de él. Una peculiar forma de entender la vida los había unido para siempre.

Según un artículo de enero de 2006 de la prestigiosa publicación de negocios *Fast Company*, estamos viviendo un choque intergeneracional de culturas que está quebrando el delicado equilibrio que mantenían los tradicionalistas (nacidos antes de 1945), los baby boomers (1946-1964) y la generación x (1965-1977). La causa es la irrupción de una nueva generación que algunos denominan "millenials" o "generación del por qué", dada su tendencia a cuestionar el orden de cosas establecidas. Estos muchachos, que hoy andan por los veintipico, están destruyendo el delicado ecosistema corporativo.

¿Cuáles son sus características? En primer lugar, afirma *Fast Company*, los millenials no están preocupados por el éxito financiero que obsesionó a los baby boomers, ni la independencia que buscaba la generación x. Los millenials quieren carreras personalizadas, no tienen expectativas de que su primer trabajo sea el único de su vida. Desean experimentar en distintas carreras hasta encontrar aquella que mejor les siente.

Educados por padres baby boomers con agenda completa, videojuegos e Internet, los miembros de la nueva generación creen que pueden lograr todo. Y lo quieren ya. Si usted el jefe de uno de ellos y él cree que usted está haciendo las cosas mal, hay buenas probabilidades de que se lo diga, no importa cuál sea su título. Los millenials, sostiene el artículo, han perdido el temor hacia el superior.

Por otro lado, esta generación del por qué está presentando serios desafíos a las estructuras de incentivos de las corporaciones. En una época, los jóvenes abogados estaban dispuestos a trabajar 100 horas semanales durante 10 años con la esperanza de llegar a ser socios del estudio algún día. Esta promesa ya no funciona con los millenials.

"Sin embargo", dirá un escéptico, "podría tratarse de la ingenuidad que muestran todos los jóvenes. Cuando crezcan, verán el mundo de otra manera y no tardarán en adaptarse".

Joseph Gibbons, especialista en nuevas tendencias laborales de la consultora de recursos humanos FutureWork, opina que este no es el caso. Los valores de los millenials no cambiarán en el tiempo. Y, si ellos no se adaptan a las reglas del juego, las reglas tendrán que adaptarse a ellos.

¿Y si las empresas no quieren adaptarse? Tendrán que hacerlo. Es posible, si este fenómeno se verifica, que los millenials sean la fuerza de trabajo del futuro y que, a medida que se vayan retirando los baby boomers, lleguen a dominar durante los próximos 70 años.

Quizás llegó el momento de comenzar a pensar que Diego y Jessie no son una excepción fuera del sistema. Que sus intereses, deseos y necesidades representan una tendencia. Que reemplazarlos en sus respectivos puestos es una solución alicorta. Quizás llegó el momento de pensar.

Caminando por el lado funky de la vida

¿Qué parte de su cuerpo es gris, pesa unos 1.300 gramos y consume el 20% de su energía? Si dijo "el cerebro", ha acertado. El cerebro humano es una auténtica proeza de ingeniería que no deja de maravillarnos por sus asombrosas capacidades. Durante muchos milenios, la humanidad ignoró la función que el cerebro cumple en el cuerpo. Y curiosamente, el mundo de los negocios ha permanecido en la misma ignorancia hasta hace muy poco. Ahora, algo parece estar cambiando. Veamos unas cifras…

General Motors, tercera corporación mundial en facturación, tiene miles de oficinas y billonarios activos físicos diseminados en los cuatro rincones de la Tierra. En 2004, facturó más de 190 mil millones de dólares y obtuvo beneficios brutos por 33 mil millones. Su valor de mercado (hacia junio de 2005) se estimaba en unos 295 mil millones. Al mismo tiempo, Microsoft, con menos oficinas y capital físico, vendió "apenas" unos 38 mil millones. Sin embargo, sus beneficios brutos ascendieron a 30 mil millones y su valor de mercado trepó a unos 237 mil millones. La facturación de Microsoft es solo el 20% de la de GM. Pero el valor de mercado de Microsoft es el 80% del valor de mercado de GM. ¿Cuál es la diferencia?

General Motors vende un revoltijo de acero organizado de una manera determinada que desplaza a su usuario de un lugar a otro. Microsoft vende imaginación. GM basa buena parte de su negocio en su capital físico. Microsoft es una empresa que depende totalmente de la calidad de su capital humano.

Nuevos vientos soplan y una visión innovadora se está imponiendo con fuerza. En 1999, los suecos Jonas Ridderstråle y Kjell Nordström, profesores de la Escuela de Economía de Estocolmo, sintetizaron las nuevas ideas en el irreverente libro *Funky Business*. ¿Sus tesis principales? Hoy, una compañía no puede obtener una ventaja competitiva sostenible únicamente en las ventajas tecnológicas de sus bienes físicos. Olvídese de ese sueño de montar una corporación a partir de un invento propio que desarrolló en su cochera. Sus competidores se lo copiarán en menos de una semana. Usted necesitará más que eso. Ya no alcanza con llevar a cabo una excelente gestión de los activos y pasivos financieros, porque el principal activo de la empresa, las ideas, la creatividad y el talento, son propiedad de los empleados.

El mundo se transforma y se acelera, los tiempos se acortan y el que no se adapta, desaparece. Ridderstråle y Nordström señalan que un tercio de las firmas del ranking *Fortune 500* de la década de los 50 habían desaparecido para 1983.

En el nuevo paradigma, las firmas no penalizan a los trabajadores que asumieron un riesgo y fallaron. Una corporación visionaria sabe que se requieren decenas de fracasos por cada sensacional éxito. Un empleado atemorizado se paraliza y echa a perder su potencial. Un trabajador motivado se convierte en una fuente inagotable de ideas. Con cada empleado que no arriesga por miedo a perder su empleo, la corporación se acerca un paso más al abismo.

La diversidad es otro principio básico. Cuando de motivación se trata, no somos todos iguales. Estamos viviendo una época en que el liderazgo adquiere nuevas formas. Hoy, se vuelve cada vez más importante encontrar aquel motivo que opere más profundamente en cada uno de sus empleados. Tal vez Diego, deseoso de cambiar su automóvil, escoja el dinero como motivación. Pero Jessie prefiere unas vacaciones anuales más largas para cumplir su sueño de escalar el Aconcagua. Los contratos personalizados son un elemento clave de la motivación y el liderazgo.

En definitiva, en los próximos años es posible que veamos crearse una gran riqueza. ¿Cuál es el secreto para apropiarse de una porción de la torta? Jonas y Kjell no tienen dudas: "Para tener éxito tenemos que dejar de ser tan endiabladamente normales. Si nos comportamos como los demás, veremos las mismas cosas, tendremos ideas similares y crearemos productos o servicios idénticos. En el mejor de los casos, la normalidad engendrará resultados normales".

La nueva tendencia es firme. La innovación y la creatividad ya no serán características exclusivas de las puntocom. Hoy vivimos en la era posindustrial. Olvídese de los Ford T fabricados en masa para una masa indiferenciada. Todos somos diferentes. Todos somos únicos. Ya no se tra-

ta de economías de escala, sino de productos personalizados, diferenciados y atrevidos. Incluso en GM, un gigante
industrial tradicional del mundo, el cerebro humano (aquel
pequeño activo gris de 1.300 gramos) pronto será infinitamente más pesado que todas sus fábricas, oficinas, almacenes y aquellos revoltijos de acero sobre ruedas...

Dejar de ser endiabladamente normales

Alguna vez, el magnate de la industria automotriz Henry
Ford dijo: "Los clientes tendrán un auto del color que quieran, ¡siempre y cuando lo quieran negro!".

No es por pura soberbia que Ford realizó esa declara-
ción. La frase es reflejo de la era de la producción en masa, del taylorismo y la línea de montaje de Charles Chaplin
en *Tiempos modernos*. En aquella época, en el sector automo-
tor, el objetivo corporativo era producir bienes indiferencia-
dos al menor costo posible para expandir al máximo la cantidad de consumidores.

En la era posindustrial ya no vivimos en el paradigma
de los Ford T negros sino del New Beetle, el Audi TT, las
iMac blancas y las Sony Vaio multicolores.

Usted, ¿de qué madera está hecho? ¿Es un delfín del
funky business o un dinosaurio fordista? Veamos...

A) Ama su rutina cotidiana. Sus amigos lo llaman "Da-
mián" y a veces usa barba candado. Se levanta todos los días
a las siete, se pone su traje gris y maneja hasta su trabajo
mientras escucha a Ricardo Montaner. Su escritorio parece el Palacio de Buckingham por su orden y pulcritud. Su
día transcurre entre hojas de balance y planillas de Excel.
A las 6 en punto, cierra el Windows y vuelve a su casa.

B) Detesta la rutina. Sus amigos lo llaman "Pato" y usa
un piercing en la ceja. Suele llegar tarde a la oficina tras

pasar noches en vela desarrollando alguna idea que se le ocurrió el fin de semana, mientras sorbía un cuba libre y escuchaba a Bob Marley. Su escritorio parece el escenario de una guerra nuclear. Pero a usted no le importa el hecho de que casi nunca encuentra lo que está buscando. "Así somos los genios", se consuela.

¿Cuál de los dos perfiles cree que se corresponde con la personalidad creativa? ¿El B? "No necesariamente", diría la experta en creatividad y profesora de la Harvard Business School Teresa Amabile. En una entrevista concedida a *Fast Company*, centrada en las nuevas formas de hacer negocios, ella afirma que existen muchos mitos acerca de la supuesta "personalidad creativa".

No es cierto que la creatividad sea patrimonio exclusivo de ciertas personas. La creatividad depende de la experiencia, los conocimientos técnicos y la capacidad de pensar de maneras innovadoras. Pero fundamentalmente, su fuente es la motivación. Una persona motivada para crear, será creativa, sin importar que vista un traje gris y escuche a Ricardo Montaner. La capacidad de pensar de manera innovadora está antes que nada y sobre ella se montan los conocimientos técnicos y la experiencia.

La motivación para la innovación y la diferenciación es cada vez mayor en la nueva economía global y se refleja en el crecimiento de varios sectores tradicionalmente relegados durante el paradigma fordista. El diseño es un gran ejemplo. Según un estudio del Departamento de Trabajo de los Estados Unidos, en 2004, los diseñadores ya habían alcanzado a los contadores en cuanto a la remuneración por hora: alrededor de 41 dólares. Paralelamente, informa el mismo estudio, la cantidad de profesionales del diseño en los Estados Unidos crecerá entre un 10 y 20% hasta 2012.

La oferta educativa argentina refleja la nueva tendencia. Hasta 1985, la Facultad de Arquitectura de la UBA enseñaba solo eso: Arquitectura. Pero en aquel año, se fundaron las carreras de Diseño Gráfico y Diseño Industrial, como respuesta a la nueva demanda de educación para el mercado laboral. El primer año hubo 200 ingresantes; en 2004 se inscribieron más de 1.300, cifra que superó a la de estudiantes de Arquitectura. El cambio cultural ha hecho que la Facultad de Arquitectura a secas se convirtiera en la Facultad de Arquitectura, Diseño y Urbanismo. Y a esto deben sumarse todos los futuros diseñadores de las universidades privadas.

El mensaje es claro y se resume maravillosamente en la citada máxima de *Funky Business*: "Para tener éxito tenemos que dejar de ser tan endiabladamente normales". Esta es una de las premisas de la nueva manera de hacer negocios. La innovación y la creatividad son las claves. Dentro de esta corriente, el diseño es un factor cada vez más importante de diferenciación bajo estos vientos que soplan más y más fuerte, arrasando con nuestras viejas costumbres. Adiós Ford T. ¡Bienvenido Audi TT!

De todas maneras, algunas personas nunca cambian

Tres jóvenes rebeldes que sueñan con cambiar el mundo se convierten en "Los edukadores", misteriosos autores de actos poéticos y no violentos con los que quieren desestabilizar a los ricos y avisarles que sus días de bonanza están contados. Todo se complica cuando, por una decisión imprudente, terminan secuestrando a un hombre de negocios, el perfecto rebelde de ayer (mayo del '68), convertido hoy en un gran empresario conservador.

Los días del secuestro ayudan a forjar una relación que termina por generar una fuerte identificación entre victimarios y víctima y la promesa hecha por este último, de olvidar todo, después de la liberación. Al día siguiente, al mismo tiempo que el empresario desayunaba y leía el diario en su casa, un comando de policías armado hasta los dientes irrumpía en el departamento de los jóvenes. El final elegido por el director austríaco Hans Weingartner para su película *Los edukadores*, deja una extraña sensación. Los tres rebeldes habían adivinado el desenlace, abandonado la vivienda, y pintado en una de sus paredes la frase: "Algunas personas nunca cambian".

Aquella fría y lluviosa tarde de domingo, Hernán se recostó en el sofá, junto a la chimenea, la mirada perdida en un libro cuyas hojas permanecían inmóviles. Su mente trabajaba a ritmo febril. Aquella frase final de la película que había terminado de ver un rato antes, estaba instalada en su mente. "Algunas personas nunca cambian", repetía. Las preguntas comenzaron a aparecer: ¿que había hecho de su vida en los últimos quince años? ¿Era feliz?

¡Qué rápido había pasado todo! ¡Un par de meses más tarde cumpliría cuarenta años! ¡La mitad de su vida!

Profesionalmente, le había ido bien, muy bien. ¿Acaso no había alcanzado todos sus objetivos? Tras una brillante carrera universitaria y un exitoso doctorado en Economía, había ingresado en un prestigioso banco internacional de inversión. En pocos años, había obtenido un puesto jerárquico.

Sin embargo, Hernán tenía un lado oscuro. Era consciente de que había tenido que pisar muchas cabezas. Que había utilizado y descartado a mucha gente, que su carácter juvenil y amigable se había transformado en ríspido e irascible. Era consciente de que su egocentrismo rayaba el ridículo.

Las hojas de su libro permanecían inmóviles, su mente seguía avanzando. El listado de "noes" seguía aumentando.

No había permitido que su mujer se desarrollara profesionalmente, su carrera siempre había sido prioridad.

No había leído mucho más que esos interminables informes sobre mercados emergentes.

No había disfrutado muy seguido de una comida con amigos y una animada charla sobre la vida.

No había conocido otros barrios más que las "cities financieras" de las ciudades en las que había trabajado.

No se había permitido gozar del suave calor del sol en una tarde de invierno sin apuros.

De pronto una idea surgió súbitamente y le iluminó la cara. ¿Y si renunciaba a todo? Volver a empezar. Darse una nueva oportunidad, volver a los amigos, viajar con su familia, gozar la música que había olvidado. Tal vez fundar su propia consultora o armar su propio fondo de inversión.

Hernán se levantó del sofá y abrazó con fuerza a su hijo que jugaba a su lado con la Playstation, caminó hacia el escritorio y conectó la computadora. Después de mirar atentamente la pantalla durante unos minutos, comenzó a escribir con mucha seguridad y sin pausa. La velocidad de sus manos denotaba cierta excitación. Ese informe, que presentaría al día siguiente a los miembros del directorio, le daría a Hernán su tan merecido ascenso. La frase de Weingartner, pintada sobre la pared, había cobrado vida nuevamente.

Beckham y el Atlético Concepción

Tengo grabada en la memoria la imagen de una visita a la concentración después del partido, el domingo por la noche. Alegría o tristeza, pero siempre extrema, nunca términos medios. La jornada comenzaba muy temprano por la mañana; el viaje al interior de la provincia (Alberdi, Famaillá, Lules, Aguilares…), los nervios de la previa en el vestuario, el partido, los gritos de la hinchada local, el camino de regreso. Desde muy chico seguí al equipo a todas partes. El Atlético Concepción es un club de fútbol de Tucumán. Su estadio está ubicado en la Banda del Río Salí, una ciudad satélite de la capital tucumana. Mal que les pese a santos (hinchas de San Martín) y decanos (hinchas de

Atlético), el Atlético Concepción (el *Concíó de la Banda*) fue el primer equipo que representó a la provincia en un torneo nacional. Corría el año 1986 y Oscar, mi padre, era su presidente.

Viví el fútbol "pobre" desde que nací. Vi el sacrificio de muchos dirigentes. De mi padre aprendí qué son la pasión, el compromiso y la perseverancia. Veintidós jugadores peleando cada pelota como si fuera la última de sus vidas… es algo difícil de entender. Lo que en la tele parece fácil, allí, en el lugar, es casi imposible. Los sueños del Negro Monteros (Menotti lo probó en Villa Marista de la mano de Jim López), Mendiolar, Reston, el Indio Cuellar, el Pelado Díaz y tantos otros, fueron una mezcla de sacrificio y pasión. Por la mañana, el ingenio azucarero: la caldera, la descarga, el trapiche; por la tarde, el entrenamiento.

El 11 de enero de 2007 David Beckham firmó un contrato de 250 millones de dólares por cinco años con Los Ángeles Galaxy. El salario básico: 50 millones por los cinco años. Los 200 millones restantes incluyen derechos por venta de camisetas (10 millones anuales), contratos con Gillette, Pepsi, Motorola y Volkswagen (25 millones) y acciones de la compañía por 10 millones. Así, Becks es el primer futbolista de la historia en convertirse en accionista del club para el que juega. Se trata, claro está, de una inversión que el club pretende recuperar. Un interesante artículo de la BBC nos presenta las especulaciones financieras que rodearon la mudanza de Becks de Manchester a Madrid. En 2003, cuando la súper estrella británica se incorporó a los merengues, el presidente del Barcelona (que también estaba interesado en el jugador) estimó que Beckham era capaz de generar entre 61 y 99 millones de dólares para el club en solo cuatro años. Si tenemos en cuenta que el pase al Madrid se concretó finalmente en 50 millones, comprendemos la magnitud del negocio. Incluso, en aquel momento, la firma de marketing deportivo Apex estimó que solo con la venta de camisetas de Beckham el Real Madrid podía pagar la cifra acordada.

Los precios de los jugadores (y quizá no solo de los jugadores) se determinan en base a la posición que cada uno de ellos es capaz de lograr. La exhibición sería entonces un factor clave de éxito (Woody Allen ya decía que el 80% del éxito consistía en exhibirse).

Por lo tanto, a mayor exhibición del jugador, mayor valor de marca personal (y mayor valor de venta). Las pruebas de esta afirmación las encontramos todos los días en la sección deportiva de los diarios. Un artículo de la revista *Forbes* nos presenta a los cinco jugadores mejor pagos del mundo en 2005: 1) David Beckham (32 millones de dólares), 2) Zinedine Zidane (20 millones), 3) Ronaldo (18 millones), 4) Raúl (12 millones), y 5) Ronaldinho (12 millones).

Todas estrellas mundiales que cualquier aficionado reconocería por la calle. Pero los grandes clubes europeos saben exactamente cuánto pagar por cada jugador. Sus expertos calculan sus valores de marca y sus posibles retornos para la institución. Esto es lo que se oculta bajo el fabuloso contrato de Beckham con Los Ángeles Galaxy.

No conozco empresa capaz de congregar entre diez y noventa mil personas todos los domingos, conseguir que esas personas se mantengan estáticas (o saltando en su lugar) durante más de dos horas, y que estén hablando sobre el tema un par de horas antes del partido, un par de horas después del partido, y otro par de horas (promedio) durante la semana. No conozco programa de televisión que pueda competir en rating con un partido de fútbol (jugado por estrellas) o con un resumen de partidos de fútbol (de estrellas).

No es extraño entonces que un jugador "valga" 250 millones, ni que exista una maquinaria que se ocupe de fabricar estrellas (no jugadores) para sustentar un negocio multimillonario. Esta fábrica no se alimenta de tacos y gambetas, sino de tasas de retorno (TIR) y períodos de recuperación de la inversión (pay back). Pero siento que no es una maquinaria que fabrica fútbol. Y el "siento" es intencional. Lo siento por Monteros, por Cuellar, por Díaz y por Reston. En el fútbol ¿a quién le importa que Beckham se mude a una casa de 12 millones de dólares en Los Ángeles? La dicotomía entre fútbol rico y fútbol pobre no pertenece al juego. Y el fútbol es *juego* en La Banda del Río Salí, en el Monumental o en el Camp Nou.

BIBLIOGRAFÍA

Accenture: *Find and Keep the Customers you Want*. Publicado en enero de 2006. Disponible en Internet: www.crmforetagen.se/pdf/Accenture_FindandKeeptheCustomersYouWant.pdf

Ackoff, R.: *Un concepto de planeación de empresas*. Limusa, México, 1972.

————: *La planificación de la empresa del futuro*. Limusa, México, 1994.

Albertti, P.P. y otros: *Administración*. Docencia, Buenos Aires, 1999.

Albrecht, Karl y Zemke, Ron: *Service America!: Doing Business in the New Economy*. Dow Jones-Irwin, New Yorj, 1985.

Allport, F.H.: "A structuronomic conception of behaviour", en *Journal of abnormal and social psychology* N° 64, 1962.

Alonso, A.H.: *Planificación y control*. II Jornadas de Profesionales en Ciencias Económicas, La Plata, 1987.

————: *Control estratégico de gestión*. II Jornadas Nacionales sobre Modernización del Sector Público, La Plata, 1993.

Argumedo, C.: "Impacto de la revolución científico-tecnológica", en revista *Encrucijadas*, UBA, 1996.

Argyris, C.: *Understanding organizational behavior*. Darsey Press, Homewood, 1961.

Aristóteles: *La Retórica*. Editor Centro de Estudios Constitucionales, España, 1990.

Bonabeau, Eric: "Don't Trust Your Gut". In: *Harvard Business Review*, May, pp. 116-120, 2003.

Brown, W.: *Exploration in management*. Heinemann, Londres, 1960.

Callahan, David: *The Cheating Culture: Why More Americans Are Doing Wrong to Get Ahead*. Harcourt, Orlando, FL, 2004.

Carr, D. y Johansson, H.: *Best practices in reengineering*. McGraw-Hill, Nueva York, 1995.

Chapman, W.L.: *Procedimientos de auditoría*. Abeledo-Perrot, Buenos Aires, 1995.

Cheney, Annie: *Body Brokers: Inside America's Underground Trade in Human Remains*, Broadway Books/Random House, New York, 2006.

Coriat, B. y Taddei, D.: *Made in France*. Alianza, Buenos Aires, 1993.

Cyert, R.M. y March, J.G.: *Teoría de las decisiones económicas en la empresa*. Herrero Hnos., México, 1965.

Davidow, W.H. y Malone, M.S.: *The virtual corporation*. Harper Business, Nueva York, 1993.

Deal, T. y Kennedy, A.: *Las empresas como sistemas culturales*. Sudamericana, Buenos Aires, 1985.

De Soto, Hernando: *El Misterio del Capital: Por qué el Capitalismo triunfa en occidente y fracasa en el resto del mundo*. Diana, México DF, 2001.

Díaz, Alberto: *Bio… ¿qué? Biotecnología, el futuro llegó hace rato*. Siglo XXI Editores, Buenos Aires, 2005

Donahue, Kristen B.: "How to Ruin a Merger - Five People-Management Pitfalls to Avoid". In: *Harvard Management Update*, Vol. 6, No. 9, 2001, pp. 1-4.

Drucker, P.F.: *La gerencia. Tareas, responsabilidades y prácticas*. El Ateneo, Buenos Aires, 1975.

————: *La innovación y el empresario emprendedor*. Sudamericana, Buenos Aires, 1986.

————: *La gerencia*. El Ateneo, Buenos Aires, 1990.

————: "La información que importa", en revista *Gestión*, N° 1. Hill, 1996.

Eiglier, P. y Langeard, E.: *El marketing de servicios*. McGraw-Hill, Madrid, 1989.

Etzioni, A.: *Organizaciones modernas*. UTEHA, México, 1965.

FACPCE: *"Informe N° 5": Manual de auditoría*. Buenos Aires, 1985.

Fayol, H.: *Administración industrial y general*. El Ateneo, Buenos Aires, 1991.

Fisher, Roger; Ury, William, y Patton, Bruce: *Sí, ¡de acuerdo! Cómo negociar sin ceder*. Grupo Editorial Norma, Bogotá, 2001.

Fishman, C.: "Las diez leyes del cambio", en revista *Gestión*, vol. 3, N° 3, 1998.

Fowler Newton, E.: *Organización de sistemas contables*. Macchi, Buenos Aires, 1992.

Gaudiani, Claire: *The Greater Good: How Philanthropy Drives the American Economy and Can Save Capitalism*. Times Books, New York, 2003.

Gane, C. y Sarson, T.: *Análisis estructurado de sistemas*. El Ateneo, Buenos Aires, 1982.

Ghigllone, L.M. y otros: *Estructuras y procesos*. Macchi, Buenos Aires, 1993.

Gilli, J.J.: "Diseño de estructuras". *Docencia*, Buenos Aires, 1995.

————: "Ética y empresa", en revista *Apertura*, N° 59, 1996.

———— y colab.: *Sistemas administrativos*. Docencia, Buenos Aires, 1998.

Gofee, Bob and Jones, Gareth: "Managing Social Distance in `Flat´ Companies". In: *Why Should Anyone Be Led by You? What It Takes to Be an Authentic Leader*, Harvard Business School Press Book, 2006.

Greenspan, Alan: "Antitrust". In: Ayn Rand (et al.), *Capitalism: The Unknown Ideal*, New American Library, 1966, pp. 63-71.

Greiner, L.E.: *Evolución y revolución conforme crecen las organizaciones*. Biblioteca Harvard, Buenos Aires, 1974.

Grupo Lisboa: *Los límites de la competitividad*. Sudamericana, Buenos Aires, 1996.

Gummesson, Evert: *Total Relationship Marketing*. Butterworth-Heinemann, Burlington, MA, 1999.

Hall, B.J.: "Six challenges in designing equity-based pay". In: *Journal of Applied Corporate Finance* 15 (3), S. 21-33, 2003.

Hamel, G.: "La fórmula de la revolución", en revista *Gestión*, vol. 2, N° 3, 1997.

Hammer, M. y Champy, J.: *Reingeniería*. Norma, Bogotá, 1994.

Hammer, M.: "Unificar procesos", en revista *Gestión*, vol. 3, N° 10, 1998.

Hampton, D.R.: *Administración*. McGraw-Hill, Madrid, 1994.

Hannan, M.R. y Freeman, J.: *Organizational ecology*. Harvard University Press, Cambridge, 1993.

Handy, C.: "The hungry spirit", en *Book Summary* 2. Gestión, Buenos Aires, 1998.

Hickman, C.R. y Silva, M.A.: *Cómo organizar hoy empresas con futuro*. Granica, Buenos Aires, 1991.

Illera, C.R. y Moreno R.: *Administración y dirección de empresas*. UNED, Madrid, 1997.

Jacques, E.: *A general theory of bureaucracy*. Heinemann, Londres, 1976.

Kaplan, R.S. y Norton, D.P.: "The balanced scorecard: measures that drive performance", en *Harvard Business Review*, enero-febrero, 1992.

—————: "Putting the balanced scorecard to work!", en *Harvard Business Review*, septiembre-octubre, 1993.

—————: *Cuadro de mando integral*. Gestión 2000, Barcelona, 1997.

Katz, D. y Kahn, R.: *Psicología social de las organizaciones*. Trillas, México, 1981.

Keen, P.G. y Knapp, E.M.: *Business processes*. HBS Press, Boston, 1996.

Knight, C.: "Matrix organization", en *The Journal of Management Studies*, 1997.

Korten, David C.: *When Corporations Rule the World*. Berrett-Koehler, San Francisco, 1995.

Kotler, Philip and Levy, Sydney J.: "Broadening the concept of Marketing". In: *Journal of Marketing*, January 1969.

Kotler, Philip; Shawchuck, Norman; Wrenn, Bruce, and Ruth, Gustave: *Marketing for Congregations: Choosing to Serve People More Effectively*. 1992.

Kotter, J.P.: *Leading change* ( ). HBS Press, Boston, 1996 (existe versión en castellano, *El líder del cambio*, McGraw-Hill, 1997).

————: "Errores fatales", en revista *Gestión*, vol. 3, N° 3, 1998.

Lardent, A.R.: *Metodología de análisis y diseño de sistemas administrativos*. El Coloquio, Buenos Aires, 1976.

————: *Técnicas de organización, sistemas y métodos*. Club de Estudios, Buenos Aires, 1984.

Locke, John: *Segundo tratado sobre el gobierno civil*. Grupo Anaya Comercial, Madrid, 2006.

Magdalena, F.: *Sistemas administrativos*. Macchi, Buenos Aires, 1984.

March, J.G. y Simon, H.A.: *Teoría de la organización*. Ariel, Barcelona, 1969.

Mendes, K.S.: "Análisis de sistemas estructurado", en *Revista de Administración de Empresas*, vol. 21, N° 4, 1980.

Micklethwait, John and Woolridge, Adrian: *The Witch Doctors: Making Sense of the Management Gurus*. Three Rivers Press, CA, 1996.

Miller, J.G.: "Toward a general theory for the behavioral sciences", en *American Psychologyst*, N° 10, 1995.

Miller Calhoun, George: *The Business Life of Ancient Athens*. Beard Books, Knoxville, Illinois, 2002.

Mintzberg, H.: *La estructuración de las organizaciones*. Ariel, Barcelona, 1984.

————: *Diseño de organizaciones eficientes*. El Ateneo, Buenos Aires, 1989.

————: *Mintzberg y la dirección*. Díaz de Santos, Madrid, 1991.

————: *El poder en la organización*. Ariel, Barcelona, 1992.

———— y Quinn, J.B.: *El proceso estratégico*. México, Prentice-Hall, 1993.

———— y otros: "La estrategia y el elefante", en revista *Gestión*, vol. 3, N° 4, 1998.

Mintzberg, H.: *Managers not MBAs*, Prentice Hall, México, 2004.

Mohrman, S.A. y Cummings, T.G.: *Autodiseño de organizaciones*. Addison-Wesley, Wilmington, 1991.

Moss Kanter, Rosabeth: *Men and Women of the Corporations*. Basic Books, New York, 1993,

Nadler, D.A. y otros: *Arquitectura organizativa*. Granica, Barcelona, 1994.

Pandya, Mukul; Shell, Robbie; Warner, Susan; Junnarkar, Sandeep: *Lasting Leadership*. Wharton School Publishing, Pennsylvania, 2006.

Petter, T.: *Del caos a la excelencia*. Folio, Barcelona, 1996.

Platón: *La República*. Publ. Universitat de Valencia, 1997.

Porter, M.: *La ventaja competitiva de las naciones*. Vergara, Buenos Aires, 1990.

Porter, M.: *Estrategia competitiva*. CECSA, México, 1991.

Prehn, Yvon: *Ministry Marketing Made Easy: A Practical Guide to Marketing Your Church Message*. Abingdon Press, Nashville, TN, 2004.

Rappaport, A.: *Creating shareaholder value*. Free Press, Nueva York, 1986.

Reichheld, Frederick F. and Sasser W. Earl (Jr.): *Zero defections: Quality Comes to Services*, Harvard Business School, 1990.

Riaz, K. y Lorber, R.: *Administración en una página*. Norma, Bogotá, 1994.

Ridderstråle, Jonas y Nordström, Kjell: *Funky Business: el talento mueve al capital*, Pearson Educación, Madrid, 2000.

Rifkin, J.: *El fin del trabajo*. Paidós, Buenos Aires, 1996.

Rummler, G.A. y Brache, A.P.: *Improving performance. How to Manage the White Space on the Organization Chart*. Jossey-Bass Publishers, California, 1995.

Sasso, H.L.: *El proceso contable*. Macchi, Buenos Aires, 1996.

Schlemenson, A.: *La perspectiva ética en el análisis organizacional*. Paidós, Buenos Aires, 1990.

Schoderbek, C.G.; Schoderbek, P. y Kefalas, A.: *Sistemas administrativos*. El Ateneo, Buenos Aires, 1984.

Schvarstein, L.: *Diseño de organizaciones*. Paidós, Buenos Aires, 1998.

Schweitzer, M.E.; Ordóñez, I., and Douma, B.: "Goal Setting as a Motivator of Unethical Behavior". In: *Academy of Management Journal*, 47(3), 422-432, 2004.

Schumpeter, Joseph A.: *Teoría del desenvolvimiento económico*. Fondo de Cultura Económica, México DF, 2002.

Senge, Peter: "The Practice of Innovation". In: *Leader to Leader*, N° 9, Summer 1998.

Simon, H.A.: "La arquitectura de la complejidad", en *Proceedings of the American Philosophical Society*, vol. 106, N° 6, 1962.

————: *La nueva ciencia de la decisión gerencial*. El Ateneo, Buenos Aires, 1984.

Skeel, David: *Icarus in the Boardroom: The Fundamental Flaws in Corporate America and Where They Came From*. Oxford University Press, New York, 2005.

Smith, Adam: *La riqueza de las naciones. (Investigación sobre la naturaleza y causas de la riqueza de las naciones.)* Oikos-Tau, Madrid, 1988.

Soros, George: *Soros on Soros: Staying Ahead of the Curve.* John Wiley and Sons, New York, 1995

Sun-tzu: *El arte de la guerra.* Deva's, Buenos Aires.

Taylor, Frederick Winslow: *Shop Management.* Kessinger Publishing, Whitefish, Montana, 2004.

Testart, Jacques y Godin, Christian: *El racismo del gen: Biología, Medicina y Bioética bajo la férula liberal.* Fondo de Cultura Económica, México DF, 2002.

Thayer Robbins, Meter: *Greening the Corporation: Management Strategy and the Environmental Challenge.* Earthscan, London, 2001.

Trist, E.L. y Banforth, K.W.: "Some social and psycological consequences of the longwall methods of coal-getting", en *Human Relations*, N° 4, 1951.

Volpentesta, J.R.: *Estudio de sistemas de información.* Buyatti, Buenos Aires, 1993.

Simon, H.A.: *El comportamiento administrativo.* Aguilar, Madrid, 1964.

—————: *Ciencia de lo artificial.* ATE, Barcelona, 1969.

Solana, R.F.: *Producción.* Interoceánica, Buenos Aires, 1994.

Stoner, J.A. y Freeman, R.E.: *Administración.* Prentice-Hall, México, 1994.

Van Gigch, J.P.: *Teoría general de sistemas aplicada.* Trillas, México, 1981.

Verra, Bartolomé (et al.).: "Análisis Económico del Consumo de Tabaco en Argentina", 2002. Disponible en Internet: www.msal.gov.ar/htm/ site_tabaco/pdf/Estudio%20econometrico%202002%5B1% 5D% 5B1%5D.final.pdf

Waterman, R.H.: *Adhocracy.* Norton, Nueva York, 1992.

Walton, M.: *Cómo administrar el método Deming.* Norma, Bogotá, 1990.

Weber, Max: "La política como vocación". En: *El político y el científico.* Alianza Editorial, Madrid, 1969, pp. 216 y ss.

Weber, Max: *La ética protestante y el espíritu del capitalismo.* Fondo de Cultura Económica, México DF, 2003.

Yourdon, E.: *Análisis estructurado moderno.* Prentice-Hall, México, 1989.

ACERCA DEL AUTOR

Manuel Sbdar nació en 1962 en San Miguel de Tucumán, ciudad en cuya Universidad Nacional estudió Ciencias Económicas. Obtuvo su MBA en la Escuela de Negocios ESADE de España.

Vivió durante un período de siete años en Barcelona, donde fue profesor de ESADE, trabajó en M&A (fusiones y adquisiciones) e integró el Movimiento de Sociedades Laborales. Fundó en 2001 MEDIACLIPPING de España.

Fue también fundador del Executive MBA y director de Educación Ejecutiva de la Universidad Di Tella, donde es profesor. Creó y es editor de Materialbiz.com.

Actualmente es director de Educación Ejecutiva para el cono sur de la ESADE Business School de España. Es autor del libro *Diagnóstico financiero* y columnista de Clarín.com.